사람들 앞에 서는 게 두려워요

Original Japanese Title: SHAKO FUAN SHOGAI
"Rikai to Kaizen no Tame no Program"
© 2019 Takashi Okada

Original Japanese edition published by Gentosha Inc.
Korean translation rights arranged with Gentosha Inc.
through The English Agency (Japan) Ltd. and Danny Hong Agency.
Korean translation rights © 2019 by Samtoh Co., Ltd.

사람들 앞에 서는 게
두려워요

나서는 게 죽기보다 싫은 사람들의 심리 수업

오카다 다카시 지음
박재현 옮김
김병수 감수

샘터

차례

일러두기

이 책에서 쓰인 '사교불안장애'라는 용어는 정신의학 진단 기준으로 널리 인용되는 DSM-5(미국 정신의학회의 진단 기준)의 사회불안장애를 포괄한다. 공식적인 진단 명칭 기준을 따르면 '사회불안장애'라고 쓰는 것이 적합하나, 저자는 제한된 기준의 사회불안장애뿐 아니라 이와 관련된 다양한 임상 양상을 포괄하기 위해 사교불안장애로 바꾸어 기술했다.

나서는 게 서툰 사람들

사람들 앞에서 말하는 게 서툴러 긴장하고 몸이 얼어붙는다. 사람들과 자연스럽게 교제하고 싶지만 그러지 못해 자꾸만 사람들과 만나는 것을 피한다.

그런 상태를 일컬어 '사교불안장애'라고 한다. 가장 흔하게 나타나는 정신적 고민 중 하나다.

서구에서는 이런 고민이 정신적인 문제로 발전할 가능성이 10퍼센트 정도 된다. 그러나 동양에서는 예로부터 생각이나 감정을 가슴에 묻고 남을 먼저 배려하는 것을 미덕으로 여겨 왔고 부끄럼 타는 사람이 많아 그 비율이 더 높을 것이다.

그러나 오늘날에는 자기 어필이나 발표력이 중요한 사회이므로 '침묵은 금이다'라는 말이 더는 미덕이 아니다. 사람들 앞에서 가볍게 수다 떨고, 가끔 문자 메시지 주고받는 것조차 꺼리고 피하기만 한다면, 활약할 수 있는 장소가 너무 좁아진다.

업무상 마지못해서 사람들과 교류하거나 프레젠테이션 또는 회의 때마다 수명이 짧아지는 느낌을 받을 정도로 극심한 불안과 스트레스를 받는 사람도 적지 않다.

사람들 앞에서 머릿속이 하얘져 쩔쩔매면 어떡하지? 속이 울렁거려 볼썽사납게 토하기라도 하면 어떡하지? 그런 최악의 상황만 머릿속에 그리며 살아가는 사람도 있다. 실수할까 봐 두려워서 눈앞에 있는 좋은 기회와 사람들과의 교제를 회피해 자신의 능력을 제대로 펼치지 못하는 사람도 많다.

심지어 어떤 특정한 상황에서만 사교불안장애 증상이 나타나 자신감이 저하되거나 위축되는 것이 아니라 생활 전반, 인생 전반에 영향을 미치는 경우도 종종 볼 수 있다. 그와 같은 경우를 '회피성 성격장애'라고 한다.

사실 사교불안장애는 대개 어떤 일을 계기로 생긴다. 그런 다음 점점 생활 태도까지 소극적으로 변하게 만든다. 그런데 많은 사람이 그것을 마치 타고난 성격 때문이라고 착각하는 것이다.

사교불안장애는 몸에 밴 습관이나 습성 탓이므로 얼마든지 개선할 수 있다.

지금까지 사교불안장애 관련 서적이 많이 출간되었다. 그러나 일반적인 해설서나 특정 치료 이론을 토대로 한 개선법, 혹은 멋지게 장애를 극복한 저자가 효과를 본 방법을 소개하는 것이 대부분이었다.

일반적인 해설서는 사교불안장애에 대해 대략적으로 공부하는 데는 적합하지만 실제로 개선하기 위해 실천하려는 사람에게는 구체성이 부족하다.

또한 한 가지 치료 이론을 토대로 한 책은 치료법에 대해 너무 자세하게 설명해, 보통 사람들이 읽기에 꽤 전문적이어서 실제로 적용하는 데는 그다지 도움이 되지 않는다.

게다가 어떠한 치료 이론이든 한계가 있기 때문에 개인에 따라 맞을 수도 있지만 그렇지 않을 수도 있다. 어떤 방법을 사용하든 일부 사람만 효과를 보는 것이 사실이다. 어떤 사람의 체험담을 그대로 따라 할 경우 효과를 본 사람보다는 그렇지 못한 사람이 대부분이다.

이 책은 실제로 효과적인 방법이 무엇인지 살펴보고, 한가지 이론이나 방법에 치우치지 않고 다양한 접근 방식의 이점을 살리는 한편, 쉽게 실천할 수 있는 프로그램으로 정리한 것이다.

저자가 일하는 상담센터에서 실제로 사교불안장애를 개선하기 위해 사용하는 프로그램을 토대로 했다.

인지행동치료에 조금 더 무게를 두었지만, 그 밖에도 활용할 수 있는 방법을 적극적으로 도입했다.

실제 상담에 활용하는 발표나 역할극 등을 가정이나 직장에서도 할 수 있도록 연습 내용을 소개했으니(제4장, 제6장, 제8장, 제9장) 참고하기 바란다.

당신을 옭아매고 있는 두려움을 떨쳐 내고 기필코 한계

를 극복하길 바란다.

'나는 할 수 없어', '나는 잘하지 못해…….'

이것은 모두 선입견일 뿐이다.

1

왜 사람들 앞에 서는 게
힘들까

《손자병법》에 '적을 알고 나를 알면 백전백승'이라는 말이 있듯이, 우선 사교불안장애가 어떤 것인지, 어떤 증상이 나타나는지 철저히 이해하는 것이 중요하다.

이 장에서는 사교불안장애와 그 상태에 있는 사람에게 무슨 일이 일어나는지 알아보자.

사교불안장애란?

사람과 만날 때면 과도하게 긴장하고 불안감을 느껴 사회생활에 지장이 생기는 상태를 '사교불안장애'라고 한다.

오랫동안 '사회불안장애'라는 말로 사용되어 사람들에게 는 사회불안장애라는 말이 더 익숙할지도 모르겠다. 예전에 는 '사회공포'나 '대인공포'라는 용어를 많이 사용해 '대인 공포증'이라고도 했다.

사실 이런 용어는 거의 같은 상태를 가리킨다. '대인공포' 라는 말은 인간 자체를 두려워한다는 의미를 띤다. 그러나 실제로는 사람 앞에서 말하는 것만 못할 뿐 그 밖의 교우관 계에서는 매우 평범하게 즐기는 사람도 많다. 따라서 '대인 공포'라는 용어는 점차 사라지고 보다 적용 범위가 넓은 '사 교불안'이라는 용어로 바뀌었다.

그렇다 보니 사교불안장애로 진단받는 확률이 높아졌다. 미국에서 실시한 조사에서도 전체 대상자의 7~12퍼센트에 이른다. '공황장애'나 '불안장애(범불안장애)'는 대개 여성 에게서 많이 나타나지만, '사교불안장애'는 남녀의 차이가 없다.

서양과 동양의 혈액형 분포가 다르듯이, 불안을 좀 더 쉽 게 느끼는 유전자 유형의 분포도 인종에 따라 다르다. 동양 인에게는 불안을 쉽게 느끼는 유전자 유형의 소유자가 서

사람들 앞에 서는 게 두려워요

양보다 월등히 많아 보고된 수치보다 '사교불안장애'로 발전하는 빈도가 높다.

문화나 사회, 생활 방식과 깊은 관계가 있다

당연히 문화적, 사회적 영향도 크다. 서양처럼 자기주장을 내세우기보다는 겸양과 겸손을 중시하는 동양 문화권에서는 사교불안을 장애라기보다 미덕으로 여기는 측면도 있었다.

그런데 근대화가 진행됨에 따라 생활습관과 사회 양상이 서구화되면서 과거보다 자기주장이 중요해지고 가치관도 급격하게 전환되었다.

과거에는 자기주장이 서투른 것이 호의적인 모습으로 평가되었는데, 이제는 결점이 되고, 심지어 '장애'로 여겨지고 있다.

장애인지 아닌지는 생활에 분명한 지장을 초래하느냐 여부로 판단한다. 결국 생활 방식이 변화하면 지장이 심해지기도 하고 약해지기도 한다.

사교불안장애를 악화시키는 주요 요인으로는 사람들 앞에서 말할 기회가 많아진 것을 들 수 있다. 그로 인해 심한 부담감이나 스트레스를 느끼다 보니 장애로 발전하는 것이다.

사교불안장애의 여러 증상

사교불안장애의 가장 흔한 증상은 사람들 앞에서 말을 해야만 할 때 극도의 긴장감으로 인해 안절부절못하고 심한 불안감을 느끼는 것이다. 이것을 흔히 '울렁증'이라고 한다. 내면에 '잘하지 못한다'는 패자의식이 크게 자리 잡고 있어 가능한 한 그런 상황을 피하려고 애쓴다.

특별한 장소에서 발표할 때만 울렁증이 생기는 사람이 있는가 하면 친구나 가족과 대화를 나눌 때도 긴장하는 사람이 있을 정도로 그 범위는 매우 넓다. 실수하지 않을까, 남의 눈에 이상하게 보이지 않을까 하는 걱정과 두려움이 지나치게 커 자기 의견을 말하는 것도, 먼저 남에게 말을 건네는 것도 소극적으로 되어 버린다.

많이 나타나는 또 다른 증상으로는 타인 앞에서 밥 먹는 걸 힘들어하는 경우를 꼽을 수 있다. 고도의 긴장감으로 인해 속이 울렁거려 불편해지거나 그렇게 될까 봐 불안해서 회식 자리를 피한다. 이것이 심해지면 가족과의 외식도 어려워져 아예 밖에서는 식사를 하지 않게 된다.

배우 타무라 마사카즈田村正和도 타인 앞에서 밥을 먹지 못해 거의 회식하지 않는 것으로 유명하다. 어쩌면 그도 사교불안장애가 있을지 모른다. 영화배우나 운동선수는 쏟아지는 타인의 시선에 익숙할 것 같은데, 의외로 사교불안장애로 고민하는 사람이 적지 않다. 영화배우 다카시마 마사노부高嶋政伸도 촬영 전에는 과도하게 긴장해 토할 것 같다고 한다.

소설 《잃어버린 시간을 찾아서》로 널리 알려진 프랑스 작가 마르셀 프루스트도 남과 식사하지 않는 것으로 유명했다. 그는 소리에도 민감해 코르크 소재 방음장치를 한 채 방 안에 홀로 틀어박혀서 지냈다. 사람들과의 교제를 피하는 것 외에도 과민한 감각이나 동일 행동 패턴에 대해 집착하는 경향도 있었던 점으로 보아, 자폐 스펙트럼 장애도 있지 않았을까 추측해 볼 수 있다.

또한 사교불안장애가 있는 사람은 타인의 시선이 부담스러워 얼굴이 빨갛게 달아오르거나 몸이 부들부들 떨릴 정도로 과민반응을 보이기도 한다. 타인의 시선을 지나치게 인식해 상대와 시선을 맞추지 못하고 어색하게 시선을 피하거나 고개를 숙인다. 자신의 시선이 상대를 불쾌하게 하지 않을까 우려하는 경향도 있다.

단순히 부끄럼을 좀 타거나 소극적인 정도의 수준을 넘어 사회생활을 해나가는 데 지장이 있을 만큼 강렬한 불안을 동반하는 증상을 보일 경우, 사교불안장애라는 진단을 받게 된다.

하지만 장애인지 정상 범위인지 경계가 명확하지 않고 애매모호한 경우가 있다. 앞에서도 말했듯이 생활 양상이 달라짐으로써 '병'처럼 표면적으로 드러나는 경우도 많다. 예를 들어, 식사 문제의 경우도 회식을 하지 않는다는 라이프스타일로 지내면 특별히 문제가 없지만, 업무상 회식에 빠질 수 없다면 엄청난 스트레스를 느낄 것이다.

당신을 가장 곤란하게 만드는 증상에 대해 적어
보세요.

_____

_____

기질적인 요인(유전적·발달적 요인)

사교불안장애를 초래하는 요인으로는 선천적인 기질도
어느 정도 관계있다. 불안에 민감한 기질이나 행동 억제가
강한 소극적이고 내성적인 기질의 사람은 분명 그렇지 않
은 사람에 비해 사교불안장애가 나타나기 쉽지만, 그것만이
요인으로 작용하는 것은 아니다.

매우 적극적인 사람일지라도 사교불안장애가 되기도 하
고, 평소 소극적이지만 사람들 앞에 서면 당당하게 행동하
는 사람도 있다. 사교불안이 심한 사람이 청중 앞에서 강연
을 하거나 집단의 리더로서 조직을 통솔하기도 한다.

타고난 기질도 어느 정도 관계하지만, 어떤 생활을 하느

냐, 어떤 체험을 하느냐에 따라 크게 달라지는 것이다.

사교불안장애로 인해 사람 앞에 서면 몸이 덜덜 떨리고 얼굴이 새빨갛게 달아올라 제대로 말하지 못하는 사람이 영업자나 경영자로서 성공하는 경우도 있고, 정치 리더로서 활약하는 사람도 있다. 그 가운데 한 국가의 수상이 된 사람도 있다. 영국의 수상을 지낸 볼드윈과 인도의 독립운동가 간디가 대표적이다.

유전적 요인에 대해서는 혈연가족 중 심하게 불안해하고 사교에 서툰 사람이 있는지 찾아보면 유전에 얼마나 부정적 요인이 있는지 추정해 볼 수 있다.

또한 발달적 요인으로 주목해야 하는 것은 자폐 스펙트럼 장애와의 관련성이다. 자폐 스펙트럼 장애 경향이 있으면 감각이 과민해지거나, 심한 긴장감을 느끼거나, 사회적 능력 또는 커뮤니케이션이 좀 서툴거나, 의식을 집중한 나머지 주위가 전혀 시야에 들어오지 않는다. 그런 요인으로 인해 사교 상황에서 실수하기 쉬워 사교불안장애로 발전할 위험성이 높다.

어릴 적 소극적인 성향

사교불안장애와 가장 관련 있어 보이는 기질로 '행동 억제'가 있다. 행동 억제란 처음으로 경험하는 사태에 몸이 굳어 아무 말도 못 하고 위축되는 것을 말한다.

물론 어느 정도의 행동 억제는 정상적인 반응이다. 오히려 행동 억제가 결여된 사람이 비정상이라고 할 수 있다. 실제로 행동 억제가 제대로 이뤄지지 않는 아이는 나중에 파괴성 행동장애나 아동기 양극성장애(조울증)가 될 위험성이 크다.

그러나 행동 억제가 지나치면 불안이나 긴장이 심하게 나타나 장차 사교불안이라는 문제를 일으키기 쉽다. 허슈펠드Hirschfeld와 베커Becker가 10년 넘게 아이들을 추적 관찰한 결과, 행동 억제가 강한 아이 중 17퍼센트가 사교불안장애가 되고 그렇지 않은 아이는 5퍼센트가 사교불안장애가 되는 것으로 나타나, 그 위험성이 3배 이상 높았다.

그렇지만 행동 억제가 있더라도 사교불안장애를 보이는 아이가 20퍼센트 미만이라는 것은 아무렇지 않은 아이가 훨씬 더 많다는 의미다.

사교불안장애는 친구나 가족과의 관계에 의해서도 영향을 받는다. 행동 억제가 심해, 소극적인 성향이 보이는 부분을 어떻게든 만회하기 위해 부모가 과보호하거나 지나치게 간섭한다. 그런 식으로 아이가 사교성을 키울 기회를 빼앗거나 부정적인 평가를 계속하면 오히려 개선을 방해한다.

행동 억제가 강한 사람은, 어릴 적엔 친구들 사이에 쉽게 끼어들고 장소를 잘 찾지만, 나이가 들수록 그 기질이 불리하게 작용한다. 다른 아이들은 사교력이 발전하는데 자신은 그 수준을 맞추지 못해 뒤처지고 겉돌게 된다. 그 같은 체험이 부정적인 자기평가로 이어진다고 할 수 있다.

생각해 보자 당신은 유전적 요인과 발달적 요인이 얼마만큼 관계하고 있나요? 짐작되는 게 있다면 적어 보세요.

_____

_____

양육 요인과 체험적 요인

사교불안장애에는 성장이나 체험도 큰 영향을 미친다. 양육 요인으로는 과보호, 거부, 정서적 안정감 결여 등 부모의 양육 스타일을 문제로 꼽을 수 있다.

양육 과정에서의 과보호는 사회적 체험이나 훈련 부족, 현실적 대처 능력이나 자신감 저하를 초래하기 일쑤다. 한편 부모에게 거부당하거나 정서적 온정이 결여된 양육 스타일은 정서적 학대라고 할 수 있다. 최근 정서적 학대를 받은 사람이 불안장애를 일으키기 쉽다는 사실이 밝혀져 주목받고 있다.

정서적 학대를 받은 사람은 사교불안장애가 나타날 뿐 아니라 학대가 심한 만큼 장애 정도도 심각해, 통상적인 인지행동치료나 약물치료로는 개선하기 어렵다.

사교불안장애가 나타날 위험성이 높은 체험적 요인 중 한 가지로 '괴롭힘'을 꼽을 수 있다.

어릴 적에 친구들로부터 괴롭힘을 심하게 당한 사람은 다른 불안장애보다 특히 사교불안장애가 나타날 확률이 매우 높다.

또 대학생을 대상으로 한 조사에서도 어릴 적에 괴롭힘을 당한 빈도와 현재 느끼는 사교불안의 강도에 밀접한 관계가 있다는 사실이 밝혀졌다.

괴롭힘에 의한 피해보다는 사람에 대한 공포심과 다른 사람에게 미움받는다는 부정적인 자아상이 형성되기 때문이라고 추측할 수 있다.

정서적 학대나 괴롭힘과 같은 부정적인 체험은 자기긍정감이나 자아상, 타자상에 영향을 미칠 수 있다.

결국 자신을 부정적으로 보는 것은 진짜 자신이 아니라 그러한 체험에 의해 생긴 선입견이므로 근거 없는 자아상이라 할 수 있다.

그런 것에 사로잡힌다면 이중삼중의 손해만 볼 뿐이다. 그런 부정적인 영향에서 벗어나는 것도 사교불안장애를 극복하는 데 중요하다.

생각해 보자 당신의 사교불안장애를 조장하는 양육 요인이나 체험적 요인은 어떤 것이 있나요? 그것은 현실적 대처 능력이나 자신감, 자아상(자기 자신을 어떻게 보는가)에 어떤 영향을 미친다고 생각하나요?

_____

_____

사교불안장애에 이르는 과정

사교불안장애에 이르는 과정은 크게 두 가지로 나눠 볼수 있다.

한 가지는, 원래 부끄럼을 잘 타거나 사람들 앞에서 쉽게 긴장해 무엇을 하든 불안해하는 사람이 어떤 계기로 한층 강한 불안이나 수치를 느끼고는, 이후 동일한 상황에서 과도하게 불안해하고 긴장해 '제대로 대처하지 못할 것'이라는 패자의식을 가지면서 가급적이면 그런 상황을 피하는 경우다. 과민한 기질이라면 환경적 요인의 영향도 쉽게 받아, 교내 괴롭힘 같은 좋지 않은 체험을 가슴속에 내내 담아두기도 한다.

다른 한 가지는, 원래 적극적인 성격이어서 사람들 앞에서 말하는 데 조금도 불안해하거나 주저하지 않았던 사람이 사춘기, 청년기에 접어들면서 신경질적인 성향이 강해지거나, 압박감이 강한 상황에서 사람들 앞에서 발표할 때 한두 번 실패하고 나면, 이후 비슷한 상황에서 자연스럽게 대처하지 못하는 경우다. 때로는 이렇다 할 명확한 계기도 없고, 언제라고 꼭 집어 말할 수도 없이 소극적인 성격으로 바뀌기도 한다.

　전자는 경과도 길고 과민해 강한 불안을 느끼는 유전적 기질인 경우가 많아 '자연스럽게 행동하지 못한다'는 선입견이 꽤 뿌리 깊게 자리한다. 대개 자신감이 없다기보다는 과민하고 커뮤니케이션 능력이 낮다. 어려운 과제에 느닷없이 온 힘을 다해 매달리고, 생각대로 진행되지 않으면 자신감을 잃는다. 따라서 충분한 시간을 들여 든든한 토대가 되어 줄 능력을 키울 필요가 있다.

　후자는 적어도 어느 시기까지는 자신이 자연스럽게 행동하지 못한다고 의식하지 않는다. 오히려 열의를 가진 만큼 현재 상황을 운 나쁘게 생긴 사고 같은 일시적인 것으로 생각하는 측면이 있다. 그런 의미에서 사교력 자체는 있지만 자신감을 잃는 것에 큰 문제가 있다고 할 수 있다. 자신감 회복이 사람들 앞에서 가볍게 말하고 그들과의 교제를 즐겼던 과거로 되돌아갈 수 있는 열쇠다.

단, 중고등학교 시절 언제라고 꼭 집어 말할 수는 없지만 사람들 앞에 서는 게 끔찍이 싫고 사람들과 관계하는 것을 피하는 경우에는, 청년기 이후에 증상이 나타나기 쉬운 다른 정신 질환일 가능성도 있으므로 잘 구분하는 것이 중요하다. 여기에 대해서는 다음 장에서 자세히 살펴보자.

자폐 스펙트럼 장애 경향을 지닌 공포 회피형 애착

앞에서도 말했지만, 자폐 스펙트럼 장애는 과민한 데다 대인관계에 소극적인 경향이 있어 사교불안장애가 될 위험성이 높다. 어린 시절부터 사람들과 어울리는 데 서툴러 먼저 타인에게 말을 걸지 못하고, 그것이 사춘기 무렵 한층 더 심해지는 과정을 밟는다.

그러나 자폐 스펙트럼 장애라고 할 수 없는 경우도 많은데, 그럴 때 사교불안장애로 진단하기도 한다.

또 한 가지 주의해야 할 것은, 양육 문제에서 생기는 회피형 애착 스타일과 공포 회피형 애착 스타일이다. 자폐 스펙트럼 장애와 증상이 비슷하지만, 신경학적 증상은 비교적 가벼운 데 부정적인 체험에 따르는 대인관계에서 특히 어려움을 겪는다는 특징이 있다(제5장 참조).

또한 두 가지 요인이 뒤섞여 있는 경우도 적지 않다. 자폐 스펙트럼 장애에 더해 학대나 괴롭힘으로 인해 사람에 대한 공포감까지 있는 경우에는 사교불안장애 외에 불안이나 긴장, 스트레스에서 오는 증상이나 부적응 때문에 문제가 되기도 한다.

회의나 면담에 서툰 어느 기술자

기술자로 일하는 30대 초반의 한 남성도 그런 고민을 하고 있었다.

사람들 앞에 서는 게 두려워요

"사람과 만나야 하는데 그게 쉽지 않다", "무슨 말을 해야 하는지 잘 아는데 좀처럼 말문이 열리지 않는다. 이대로 잠자코 있으면 안 되는데……."

회의처럼 사람들이 모이는 장소에서는 특히 더 긴장하는데, 상사나 선배 같은 윗사람과 일대일로 만나도 마찬가지였다. 쉽게 감정적으로 나오는 사람이나 공격적인 사람, 자기주장이 강한 사람을 특히 더 어려워했다. 약속이 정해지면 전날 밤부터 마음이 무겁다.

그는 완벽주의자에 책임감도 강한 편이었다. 그러나 상대의 의견을 존중하느라 억지스러운 말을 들어도 반론하지 않았다.

그는 가부장적인 아버지의 말에 무조건 따라야 하는 억압적인 분위기에서 성장했다. 어린 시절 사랑받지 못한 기억은 없지만 방치된 적은 많았다.

어려서부터 낯을 가리고 소극적이었다. 친구들과 놀고 싶어도 먼저 말을 걸거나 같이 놀자고 말하지 못했다. 쉬는 시간에도 혼자 보내는 일이 많았다. 사람들 앞에서 발표하는 게 서툴러 지명되어도 입이 떨어지지 않았다. 인파 속에 있거나 붐비는 전철을 타는 것도 힘들었다.

대학에 진학해 혼자 생활하면서 아르바이트를 시작하고 사람들과 만나는 일이 많아졌지만, 타인의 시선이 너무 신경 쓰여 장 보러 갈 때도 사람이 적은 시간대를 이용했다.

취업한 뒤에는 착실하게 일했지만 좀처럼 인간관계를 쌓지 못해 차츰 힘들어졌고, 끝내 회사를 옮겼다. 그러나 직장을 옮긴 뒤에도 상황은 달라지지 않았다. 업무상 필요한 일을 하는 것도, 확인과 보고를 하는 것도 주저해 업무에 지장이 생겼다. 전화 대응도 서툴렀다.

결혼도 하고 아이도 생겼지만, 아내의 이야기를 일방적으로 듣기만 할 뿐 대화다운 대화를 거의 하지 않았다. 아이도 귀엽고 사랑스러웠지만 때때로 부담스러웠고, 말을 듣지 않을 때는 밉기도 했다.

발달검사를 한 결과, 장애로 진단할 정도는 아니지만 자폐 스펙트럼 장애 경향이 다소 보였다. 애착 스타일로서는 회피형과 더불어 불안형도 강했고, 타인의 평가를 신경 쓰는 부분도 있어 결국 공포 회피형 애착에 해당했다.

감각적인 특성을 살펴보니, 감각이 지나치게 예민하고 여러 가지 자극에 반응하기 어려운 경향을 보였다. 과민한 측면과 둔감한 측면이 함께 존재했다. 자폐 스펙트럼 장애 경향과 아버지에 대한 공포감 등 양육 요인이 겹쳐 있다고 할 수 있다.

생각해 보자 ▶ 당신은 어떠한 과정을 거쳐 불안과 긴장을 느끼나요? 타고난 기질적인 요인과 환경적인 스트레스 요인이 어느 정도 관계하고 있나요?

_____

_____

2

나는 울렁증이 있다

사교불안장애의 진단 기준

미국 정신의학회가 새로 정한 진단 기준 DSM-5에서 '사교불안장애'로 판단하는 기준을 41쪽에 소개했다.

A부터 J까지 10개 항목의 요건을 모두 충족시켜야 사교불안장애라고 진단할 수 있다. 각 항목을 정리해서 소개하려 한다.

증상에 대한 요건

① 타인의 주의가 자신에게 집중되는 상황에 대해 뚜렷한 불안이나 공포를 느낀다. (A)

② 부정적 평가에 대한 두려움이 따른다. (B)

[해설] 가장 중요한 증상으로 꼽을 수 있는 두 가지 항목이다. 하나는 사람들에게 주목받는 상황에 대한 공포와 불안이고, 또 하나는 거기서 사람들에게 부정적 평가를 받는 것 아닌가 하는 두려움을 동반하는 것이다.

DSM의 기준에는 다른 사람의 주목과 평가에 큰 무게를 둔다.

단, 이 진단 기준에 이견을 제기하는 사람도 있다. 사교불안장애를 가진 사람은 차갑고 무뚝뚝한 사람 앞에서 특히 더 위축된다. 이런 경우, 상대에게 어떤 평가를 받을지 신경 쓰여서 그런 게 아니라 이미 상대의 냉담한 분위기에 압도되어 불안이나 공포를 느끼는 것이다.

어릴 적에 학대를 받았거나 타인에게 공포를 느낀 적 있는 사람은 큰 소리로 말하거나 거칠게 말하는 사람 앞에서 위축되는 경향이 강하다. 그것은 사교불안처럼 대인관계에 전반적으로 지장을 초래한다. 이 경우도 상대가 자신을 어떤 식으로 평가할지 신경 쓴다기보다, 그 이전 단계에서 공포심을 느껴 회피하려고 하는 것이다.

　DSM의 진단 기준에는 이런 유형의 대인공포가 포함되지 않는다. 실제와 맞지 않는 셈이다. 그렇다면 진단 기준에 문제가 있다고 할 수 있다.

증상의 지속에 관한 요건

　③ 어렵고 긴장하는 장면에서 늘 똑같이 불안과 공포를 느낀다. (C)

　④ 증상이 6개월 이상 지속된다. (F)

증상의 정도에 관한 요건

　⑤ 어렵고 긴장하는 상황을 피하거나 심한 불안이나 공포를 참고 견딘다. (D)

　⑥ 불안이나 공포가 그 상황이 가져올 현실적 위험에 비해 과도하다. (E)

　⑦ 사회생활, 직장생활에 지장을 준다. (G)

배제 진단*에 관한 요건

⑧ 약물이나 다른 질환의 생리학적 작용에 의한 것은 아니다. (H)

⑨ 다른 정신 질환에 의한 것은 아니다. (I)

⑩ 다른 의학적 질환이나 상태가 일부 영향을 미치는 경우, 그 정도가 과잉이다. (J)

★ 다른 비슷한 질병과 감별하기 어려울 때, 검사를 통해 가능성 없는 질환을 제외해 질병의 범위를 좁혀 나가 최종적으로 해당 질병으로 진단하는 방법을 말한다. —옮긴이

사람들 앞에 서는 게 두려워요

사교불안장애의 진단 기준(DSM-5)

A. 타인의 주의가 자신에게 쏠릴 가능성 있는 하나 이상의 사교 장면에 대한 뚜렷한 공포 또는 불안. 사교적인 교류(예컨대 잡담이나 낯선 사람과 만나는 것), 타인의 시선을 받는 것(예컨대 식사하는 모습을 타인에게 보이는 것), 타인 앞에서 어떤 동작을 하는 것(예컨대 대화) 등이 포함된다.

　주: 아이의 경우에는 그 불안이 어른과의 교제뿐 아니라 또래 아이들과 교제하는 상황에서도 일어나야 한다.

B. 어떤 행동을 하든 불안 증상을 보여 부정적 평가를 받을까 봐 두려워한다(즉 창피당할 것이다, 거절당할 것이다, 민폐를 끼칠 것이다).

C. 그런 사교 상황은 거의 늘 공포나 불안을 일으킨다.

　주: 아이의 경우에는 울거나 짜증을 낸다, 얼어붙는다, 착 달라붙는다, 위축된다, 또는 사람들과의 교제가 이뤄지는 상황에서 말문을 열지 못하는 형태로 그 공포 또는 불안이 나타나기도 한다.

D. 사람과 교제하는 상황을 회피하든가, 그게 아니면 강한 공포나

불안을 느끼면서도 꾹 참는다.

E. 느끼는 공포나 불안이 그 상황이 가져오는 현실적 위험이나 그 사회문화적 배경에 어울리지 않는다.

F. 공포나 불안 또는 회피가 지속적이고 전형적이어서 6개월 이상 계속된다.

G. 공포나 불안 또는 회피가 임상적으로 유의미한 고통이나 사회적, 직업적 또는 다른 중요한 영역의 기능 장애를 가져온다.

H. 공포나 불안 또는 회피는 물질(예컨대 남용한 약물, 의약품)이나 다른 의학적 질환의 생리학적 작용에 의한 것이 아니다.

I. 공포나 불안 또는 회피는 공황장애, 신체이형공포증, 자폐 스펙트럼 장애와 같은 다른 정신 질환으로 잘 설명되지 않는다.

J. 다른 의학적 질환(이를테면 파킨슨병, 비만, 열상이나 부상에 의한 추형)이 있는 경우에는 공포나 불안 또는 회피가 의학적 질환과 전혀 관계없거나 과잉이다.

....

성과에 국한되어 나타나는 사교불안장애

공포나 회피가 성과(즉, 대중 앞에서 말하거나 연기하는 것)에 국한되는 유형을 '성과 국한형'이라고 한다. 연설 또는 회의에서 자신의 의견을 말하거나 발표할 때는 강한 불안과 긴장을 느끼고 잘 해내지 못할 거라는 패자의식을 가지지만, 사람을 만나 대화를 나누거나 활동을 즐기는 다른 장면에서는 전혀 문제없는 사람이 이 유형에 해당한다.

성과 국한형은 보통 사람에게서 흔히 보이지만, 직업적으로 사람들 앞에 서야 하거나 카메라 앞에서 연기해야 하는 사람에게서도 드물지 않게 나타난다. 배우나 음악가, 댄서, 예술인, 정치가, 운동선수가 무대 위나 카메라 앞에서 연기 또는 발언을 하거나 경기할 때 지장이 생기는 경우도 적지 않다.

자신이 좋아하고 가장 잘하는 것이지만 많은 사람이 모여 있는 상황에서 실수하거나 머릿속이 하얘지고 속이 울렁거렸던 경험을 계기로, 이제까지 특별한 노력 없이 해냈던 일들이 강렬한 불안감이나 울렁증으로 몰려와 힘들어진다. 어떻게든 그 상황을 피하려고 하거나 집중하지 못해 자신의 실력을 제대로 발휘할 수 없다.

다른 장애와 구별한다

진단 기준 중 다른 정신 질환에 의한 것은 아니라고 하는 '배제 진단' 항목이 있다. 그런데 '사교불안장애'로 진단하기 위해서는 이 점이 중요하다.

매우 비슷한 증상을 보이는 다른 질환에 대한 지식과 이해도 갖추어 구별할 필요가 있는 것이다.

혼동되는 질환과 구분해서 진단하는 것을 '감별 진단'이라고 일컫는다. 사교불안장애와 비슷해서 헷갈리는 질환이나 상태가 적지 않아 감별 진단이 매우 중요하다.

감별진단을 위한 진단 알고리즘에 대해 살펴보자.

Q1 외출하거나 누구를 만나거나 사람들 앞에서 무언가 하는 것에 어려움이나 저항감이 있는가?

불안으로 인해 외출이나 모임, 사람들 앞에서 무언가 하는데 어려움을 겪기 쉬운 상태를 초래하는 질환으로는 사교불안장애, 분리불안장애, 공황장애, 광장공포증, 범불안장애, 강박 장애, 신체이형장애, 회피형 성격장애 등이 있다.

또한 우울한 상태에서도 의욕 저하로 사람과 만나고 싶지 않을 때가 많다. 자폐 스펙트럼 장애에서는 감각 과민이나 사회성 장애 때문에, 조현병에서는 환각이나 피해망상, 신경 과민 때문에 외출이나 사람들 앞에 서는 게 힘들어진다.

▶ 없다 → 사교불안장애일 가능성이 낮다.

▶ 있다 → 다음 질문으로.

Q2 감각 과민이나 동일 행동 패턴에 대한 집착, 혼자 있는 걸 좋아하는 경향이 어릴 적부터 있었는가?

자폐 스펙트럼 장애는 감각이 과민하거나(대개 둔감한 면도 함께 있다) 똑같은 행동 패턴 또는 흥미 있는 것에 집착하고, 상호 커뮤니케이션이나 사회성에 어려움을 겪는 발달장애다. 따라서 지나치게 불안해하거나 긴장할 때가 많다.

자폐 스펙트럼 장애로 진단받는 경우, 사회성 장애 정도가 높게 나타난다면, 사람들 앞에서 말하는 것을 어려워하는 것도 자폐 스펙트럼 장애로 충분히 설명할 수 있으므로 사교불안장애로 진단하지 않는다. 단, 사교불안장애로 진단받았어도 어느 시기부터 사람들 앞에서 말하는 게 특별히 더 어려워진 경우에는 훗날 더해진 2차 장애로 진단한다.

자폐 스펙트럼 장애 경향이 있지만 진단 내릴 정도는 아닌 경우, 대개 사교불안장애로 진단할 수 있다.

▶ 네 → 자폐 스펙트럼 장애일 가능성이 있다.

▶ 아니요 → 다음 질문으로.

Q3 기분이 가라앉거나 의욕이 저하되고 수면장애가 있는가? 기분 좋을 때는 사람들 앞에서 무엇을 하든 아무렇지 않은가?

우울 상태에도 가벼운 우울과 심한 우울이 있다. 가벼운 우울일 경우에는 기분이나 의욕이 낮아지는 주관적인 증상이 주로 나타난다. 그러나 심한 우울일 경우에는 체중 감소(오히려 증가하기도 한다), 아침 일찍 깨는 조조각성(과다수면이 되기도 한다), 머리나 몸이 생각처럼 움직이지 않거나 무표정, 가만히 있지 못하는 초조감, 눈물이 멈추지 않는 비애감, 살 가치가 없다며 죽으려고 마음먹기 등 주변 사람들이 보더라도 확연히 '병'임을 알 수 있다.

가벼운 우울 상태에서도 사람을 만나거나 사람들 앞에서 무언가 하는 것이 평소보다 어렵지만 조금 무리하면 어떻게든 할 수 있다. 그러나 심한 우울이면 사람을 만나는 것도, 사람들 앞에서 말하는 것도 몹시 힘들다. 무리해서 억지로 하면 주위 사람들이 '이상해진 모습'을 알아차리고 놀랄 수 있으니, 이럴 때는 쉬면서 회복해야 한다.

우울 상태에서는 사교불안도 강해지므로 이런 상태만으로는 사교불안장애인지 아닌지 판정할 수 없다. 이런 경우에는 건강했을 때 어떠했는지 떠올릴 필요가 있다. 기분 좋고 의욕 있을 때는 평범했다면, 사교불안장애라기보다 우울 상태에 동반되는 증상이라고 할 수 있다. 건강할 때도 사람들 앞에서 무엇인가 하는 게 서툴렀는데 우울 상태가 되어 한층 강해졌다면 사교불안과 우울이 겹친 경우일 가능성도 있다.

우울 상태를 초래하는 주요 정신 질환으로는 적응장애, 우울병(억울성 장애), 양극성 장애, 경계성 성격장애가 있다. 그 가운데 가벼운 우울이 만성적으로 지속되는 기분부전증은 사교불안장애와 좀처럼 구별하기 어렵다.

하지만 어떤 질환이든 우울 상태를 먼저 개선해야 한다.

▶네 → 우울 상태일 가능성이 있다.

▶아니요 → 다음 질문으로.

Q4 환청이나 피해망상에 사로잡힌 적이 있는가?

조현병은 대개 환청이나 망상과 더불어 의욕 저하, 집에 틀
어박히는 증상을 동반하는 경우가 많다. 때때로 외출하거나
사람과 만나는 것을 피하기도 한다. 초기에는 사교불안장애
와 잘 구분되지 않는다.

조현병과 사교불안장애는 치료 방법이 전혀 달라 명확하
게 판별하는 것이 중요하다. 조현병의 특징적인 증상으로는
환청이나 혼잣말, 헛웃음 등이 나타난다. 또한 기묘한 망상
이나 체험을 이야기하는 일도 잦다. 예컨대, 자신이 떠올린
생각이 다른 사람에게 알려진다거나 도청당하고 있다거나
누군가 자신을 조정하고 있다는 식이다.

그러나 초기에는 뚜렷한 환청이나 망상이 보이지 않을
때도 있다. 성격이 어두워지고 방에 틀어박히는 경향이 강
해지며, 자연스럽지 않은 굳은 표정, 불면이나 흥분, 식욕
저하와 체중 감소, 씻지 않아 불결한 채로 있는 상태라면 조
현병일 가능성이 있다. 이런 경우엔 서둘러 의사의 진단을
받고 그에 따른 치료가 필요하다.

약물의 영향으로 조현병과 비슷한 증상을 보이기도 한다. 이때도 사람과 만나지 않는 등의 조짐을 보일 수 있다. 망상만 보이는 망상 장애에서도 타인의 시선에 민감해지거나 외출을 피한다.

조현병이나 망상 장애, 약물에 의한 정신병으로 방에 틀어박히거나 사람들과의 교제에 어려움을 겪는 경우에는 약물치료를 활용하면 극적으로 좋아지기도 한다. 몇 년 동안 방 안에 틀어박혀 있던 사람이 직장에 나가기도 한다. 그러므로 적극적으로 치료받기를 권한다.

▶ 네 → 조현병일 가능성이 있다.

▶ 아니요 → 다음 질문으로.

사람과 만나는 것이나 외출을 피한다는 점에서 사교불안 장애와 구분하기 어렵고, 증상이 나타나는 빈도가 높은 세 가지로 자폐 스펙트럼 장애, 우울 상태, 조현병을 꼽을 수 있다. 이 세 가지 중 어느 것에 해당될 가능성이 있다면 그쪽의 진단을 우선한다.

단, 원래 가지고 있던 자폐 스펙트럼 장애에 사교불안이
더해지는 경우나 우울 상태 또는 조현병이 되기 전부터 사
교불안이 심했다면 양쪽이 합쳐졌다고 진단할 수 있다.

대인불안이나 대인관계 회피가 주요 증상으로 나타나는
상태에서는 사교불안장애와 혼동하기 쉬우므로 잘 구분해
야 한다.

Q5 용모나 체취를 과도하게 신경 쓰는가?

강한 불안 증세를 보이는 장애 중 사람들 앞에 서는 게 주요
불안요인인 것으로 사교불안장애와 신체이형장애가 있다.

신체이형장애는 타인의 시선을 지나치게 신경 쓰거나 타
인의 시선에 노출되는 것을 피하려고 방에 틀어박히거나
선글라스 또는 마스크로 얼굴을 가린다.

사람들이 자신을 힐끔힐끔 보는 것을 자신이 못생겼기
때문이라 여겨 성형수술에 집착하기도 한다. 단순히 아름다
운가 그렇지 않는가만 신경 쓰는 게 아니라, 좌우대칭이 아

닌 것을 신경 쓰기도 하고 체취나 입 냄새도 과도하게 신경
쓴다. 실제로는 존재하지도 않는 냄새까지 걱정해 가벼운
마음으로 외출하지 못한다.

신체이형장애는 사교불안장애와 전혀 다른 장애로, 치료
법도 달라서 분명히 구분하는 것이 중요하다.

▶ 네 → 신체이형장애일 가능성이 있다.

▶ 아니요 → 다음 질문으로.

Q6 사람들 앞에 서는 것 외에도 불안을 느끼는가?

외출하거나 사람을 만나고, 사람들 앞에서 말하는 데 어려
움을 느끼는가? 그것이 자신이 느끼는 불안 요인의 중심이
아니라 다른 것에도 좀 더 불안을 느낀다면, 사교불안장애
가 아닌 다른 장애가 원인일 수 있다.

대표적인 것으로 범불안장애, 분리불안장애, 공황장애,
광장공포증, 강박 장애를 들 수 있다. 때로는 사교불안장애

와 다른 불안장애가 겹치는 경우도 있다.

범불안장애는 사람들 앞에 나서든 그렇지 않든 계속해서 불안을 느끼는 상태다. 물론 사람들 앞에서 말하려면 불안감이 더욱 커지지만, 반드시 그 상황에만 국한되지 않는다. 대인관계 외에도 다양한 걱정이 너무 많다는 게 특징이다.

따라서 범불안장애인 사람은 혼자 있어도 계속 긴장되어 자주 안절부절못하고 잠도 제대로 자지 못한다. 사교불안장애는 혼자 있거나 안심할 수 있는 사람과 함께 있을 때는 비교적 긴장감이 가벼워진다.

분리불안장애는 어머니처럼 자신이 의존하는 존재에게서 분리되는 데 강한 불안을 느껴 외출하지 못한다. 어린아이만 그런 게 아니라 어른도 분리불안장애를 보인다. 분리불안이 강한 상태에서는 사람들 앞에 서면 불안이 한층 더 심해진다. 그렇지만 어머니가 곁에 있으면 불안이 훨씬 가벼워진다.

공황장애는 강한 불안발작(공황발작)이 찾아오는 것에 두려움을 가지는 상태다. 공황발작이 시작되면 가슴이 뛰거나 과호흡이 되거나 울렁증으로 구토가 일어난다. 현실감각이

둔해지고 자기통제감이 말을 듣지 않게 된다. '사람들 앞에서 공황발작을 일으키면 큰일'이라는 생각에 사람을 만나거나 사람들 앞에 서는 것이 힘들어진다.

반대로, 사교불안장애인 사람은 회의나 발표하는 상황에서 긴장과 불안이 심해져 공황발작 혹은 그와 가까운 공황 상태가 되기도 해, 공황장애로 오인하기도 한다.

그렇기 때문에 공황장애와 사교불안장애를 구분하는 것이 의외로 어려울 때가 있다. 이 둘을 구별하는 세 가지가 있다.

① 사람들 앞에 설 때 외에도 공황발작이 일어나는가?
② 공황발작 자체를 두려워하는가, 아니면 창피당하는 것을 두려워하는가?
③ 증상이 공황에서 시작되는가, 아니면 사람들 앞에 서는 데 과도한 긴장이나 불안을 느끼는 데서 시작되는가?

사교불안장애는 사람들 앞에 서는 상황 이외에는 공황발작이나 공황 상태를 보이지 않는다. 이미 그 같은 상태가 되기 전부터 사람들 앞에 서는 데 심하게 불안해하거나 긴장한다. 또한 공황발작에 대한 공포보다 자신의 볼썽사나운 모습을 타인이 보고 어떻게 평가할지에 더 신경 쓰는 게 특징이다.

광장공포증은 당장 탈출할 수 없는 상태에 놓이는 데 대한 공포증이다. 도중에 벗어나기 어려운 많은 인파, 영화관의 안쪽 좌석, 당장 내릴 수 없는 전철 같은 교통수단에 탑승하는 것이 무서워 외출을 꺼린다. 사람과의 대면이나 회식을 피하려는 모습에서 사교불안장애와 헷갈리기도 한다.

공황장애와 광장공포증은 때때로 함께 나타나는데, 광장공포증만 있는 경우도 있다. 이런 경우에도 사교불안장애와 구분하려면 혼자 있어도 장소에 따라 증상이 나타나는가, '도망칠 수 없다'는 것에 대한 공포가 두려운가, 아니면 사람들 앞에서 창피당하는 것이 두려운가 잘 살펴야 한다.

강박 장애는 하지 않아도 된다는 걸 잘 알면서도 하지 않을 수 없는 강박행동 또는 생각해 봤자 소용없다는 걸 잘 알면서도 자꾸 생각하게 되는 강박사고에 사로잡히는 것이다. 외출할 때 문단속은 잘 했는지, 가스 밸브는 잘 잠갔는지 수차례 확인하는 바람에 좀처럼 외출하지 못하는 증상을 보이기도 한다.

강박 장애는 외출하는 데 전혀 문제없는 경우도 많지만, 다른 사람에게 상처 주는 것 아닐까 하는 강박사고 때문에 사람과 만나는 것을 극구 피하기도 한다. 또한 결벽증 때문에 외출이 힘든 경우도 있다.

손 씻기 등 몇 번씩 확인하는 강박행동이 현저하게 보일 때는 비교적 진단하기 쉽다. 그러나 강박사고가 행동으로는 표출되지 않지만 대인관계를 방해하는 경우라면, 환자의 이야기를 자세히 들어 봐야지 그렇지 않으면 사교불안장애로 오인할 수 있다.

▶ 네 → 다른 불안장애일 가능성이 있다. 다음 질문으로.

▶ 아니요 → Q10으로.

어떤 불안이 중심에 있는가에 따라 유형을 구분할 수 있다. 사람에 따라서는 몇 가지 유형이 겹쳐서 구분하기 어려울 때도 있다. 구분하는 데 도움이 되는 질문을 몇 가지 더 해보자.

Q7 자기 집에서도 손님맞이나 파티를 하기 어려운가?

사교불안장애가 있는 사람은 비록 자신의 집이라도 사람들 앞에 서야 하는 상황을 매우 어렵게 생각한다. 공황장애나 범불안장애가 있는 사람도 사람들 앞에서 '불안해지면 어떡하지?' 그래서 '자연스럽게 행동하지 못하면 어떡하지?' 걱정한다. 강박 장애가 있는 사람은 대개 자기 집의 질서를 흐트러뜨리는 손님의 방문을 반기지 않는다.

그에 반해 분리불안장애, 광장공포증이 있는 사람은 자신의 집이기에 안심한다. 분리불안장애인 사람은 안심할 수 있는 사람이 곁에 있으면 괜찮다고 느끼고, 광장공포증인 사람은 자기 집에서는 마음껏 행동하고 도중에 자리를 뜰 수 있어 안심한다.

▶ 네 → 사교불안장애, 공황장애, 범불안장애, 강박 장애일 가능성이 있다.

▶ 아니요 → 분리불안장애, 광장공포증일 가능성이 있다.

Q8 혼자가 되면 불안이나 공포가 가라앉는가?

사교불안장애는 사람들과 교제하는 상황에서 불안을 느끼는 것이 특징이다. 혼자 사람들 앞에 서야 하는 일이 없으면 불안도 차츰 가라앉고 안심하며 지낼 수 있다.

만일 혼자 사람들 앞에 설 일도, 손님이 방문할 예정도 없는데 불안이 지속된다면, 다른 원인을 생각해 봐야 할 것이다.

항상 불안을 느낀다면 범불안장애를 의심할 수 있다.

공황장애라면 혼자 있어도 '숨이 막히거나 울렁증으로 구토가 나오면 어쩌지?' 하는 불안이 줄어들지 않는다. 늘 의지하던 사람과 떨어져 있으면 불안이 커져 안절부절못하는 경우에는 분리불안장애일 가능성도 있다.

▶ 네 → 사교불안장애일 가능성이 있다.

▶ 아니요 → 다른 불안장애일 가능성이 있다.

Q9 외출 시 가장 걱정되는 것이 남의 시선을 받거나 사람을 만나는 것인가?

사교불안장애가 있는 사람이 외출을 꺼리는 이유는, 타인의 시선을 받는 것이 고통스럽기 때문이다. 사람과 만나지만 않으면 아무렇지 않게 외출할 수 있고, 집 근처는 힘들지만 아예 낯선 동네나 외국이라면 완전히 긴장을 풀고 다닐 수 있다.

한편 광장공포증이나 공황장애인 사람이 두려워하는 것은 외출한 곳에서 돌연 몸에 변화가 일어나는 것이다.

또한 범불안장애나 분리불안장애인 사람은 의존하는 사람이 곁에 없고 낯선 환경일수록 쉽게 불안해진다.

다른 사람의 시선이 과도하게 신경 쓰이는 증상이라면 신체이형장애나 조현병으로 볼 수 있다. 사교불안장애는 사람에 대해 긴장감을 느끼고, 그러한 자신이 어떤 평가를 받을지 불안해하는 데 반해, 신체이형장애나 조현병은 사람들이 자신을 이상한 눈빛으로 본다는 데 그치지 않고 그것을 빌미로 비현실적인 확신이 더해진다.

▶ 네 → 사교불안장애일 가능성이 높지만 신체이형장애나 조현병일
   가능성도 있다.

▶ 아니요 → 다른 불안장애일 가능성이 있다.

Q10 친밀한 대인관계나 사람과의 교류를 피하는 경향이 있는가?

사교불안장애를 진단할 때는 구체적이고 사회적인 상황에
대한 불안감이나 공포가 심한지 여부를 중요하게 여긴다.
그것은 진단하는 데 없어서는 안 되는 요소다.

사교불안장애는 연설이나 회의, 프레젠테이션, 수업 출
석, 파티나 회식 및 외식, 고객과의 면담, 데이트 등 극도의
긴장이나 불안을 불러오는 생활 속 구체적인 상황을 피하
는 상태를 증상으로 본다.

그것에 반해 '회피성 성격장애'는 실제로 사회적 상황이
라기보다 책임이나 새로운 도전을 포함한 사회적인 부담
등을 회피하려는 경향을 중요하게 진단한다. 회피성 성격장

애는 사회적인 상황 그 자체에 반드시 강한 불안이나 공포심을 가져야 하는 것이 아니라, 친밀한 대인관계나 사람을 대하는 일, 승진이나 결혼을 피하는 등 회피적인 라이프스타일을 추구해 인생에 고충이 생기는 상태다.

불안 증상이 별로 없어도 귀찮은 게 싫어서 번거로운 일을 피하려는 행동 패턴이 두드러지는 경우에는 회피성 성격장애일 가능성이 있다.

사람과의 관계를 적극적으로 가지려 하고, 본디 그런 걸 좋아하지만 긴장이나 불안 때문에 생각처럼 행동하지 못하는 경우는 회피성 성격장애가 아니라, 사교불안장애나 그것에 관련된 장애가 발목을 잡고 있을 가능성이 크다. 물론 회피성 성격장애와 사교불안장애가 겹치는 경우도 있다.

▶ 네 → 회피성 성격장애일 가능성이 있다.

▶ 아니요 → 다음 질문으로.

Q11 불안이 우위인가, 회피가 우위인가?

사교불안장애와 회피성 성격장애가 겹치는 경우도 많지만, 어느 한쪽인 경우도 있다. 따라서 개선하려고 할 때는 어느 쪽이 주요 문제인지, 혹은 겹친 부분이 있는지 판가름하는 것이 중요하다.

판가름하는 한 가지 기준은 사교불안장애는 불안에 초점을 맞춘 개념이고, 회피성 성격장애는 회피에 중점을 둔 개념이라는 것이다.

사교불안장애는 본래 그런 걸 못하는 사람이 사회적 스트레스를 심하게 받는 자리에 서야 하는 상황에서 얼굴이 붉게 달아오르거나 몸이 부들부들 떨리거나 울렁증 같은 신체 이상 현상이 발생하고, 이로 인해 실패 체험을 하면 불안이 한계를 넘어 사교불안장애에 이른다. 때로는 잘하는 사람일지라도 지나치게 높은 성과를 내야 한다는 기대감이 한계를 넘으면 사교불안장애가 나타나기도 한다.

한편 회피성 성격장애는 선천적으로 남보다 쉽게 불안을 느끼거나 조심성 있는 사람이 부담스러운 상황을 피함으로써 강한 불안을 느끼지 않으며 살아가려고 하는 것이다. 마음만 먹으면 사람들과 사귀고 사람들 앞에서 말하는 것도 별 문제 없는 경우에도, 무리하지 않음으로써 파국을 피한다.

실제로는 더 잘할 수 있지만 자신이 가진 능력의 극히 일부만 사용해 매우 안전하게 살아간다. 이런 방식으로 살아가면 위험을 피할 수는 있지만, 가능성이 닫혀 가진 실력보다 못한 인생을 살 수밖에 없다.

회피성 성격장애가 있어도 사교불안장애가 없는 사람은 마음만 먹으면 사람들 앞에서 연설하고 관객 앞에서 연극도 할 수 있지만, 가능하면 피하고 싶어 한다.

반대로, 사교불안장애가 있어도 회피성 성격장애가 없는 사람은 적극적으로 사람들 앞에서 성과를 올리려 하지만, 긴장과 불안 증상이 밀려와 그것을 방해한다. 자신도 애가타지만 그럴 수 없기에 갈등이 심하다.

이처럼 회피성 성격장애가 있느냐 없느냐에 따라 사회적 활동에 대한 태도에 근본적인 차이가 생긴다.

친밀한 관계에서도 회피성이 있느냐 없느냐가 결정적 차

이를 만든다.

사교불안장애만 있고 회피성이 없는 사람은 친밀한 관계를 추구한다. 사람들 앞에 서면 긴장하고 손이나 목소리가 떨린다. 몸이 얼어붙어 아무 말도 못 한다. 그러나 그것을 어떻게 극복해 친밀한 관계가 되면 상대에 대한 긴장이나 불안이 사라진다. 그래서 연인이나 파트너, 가족과의 관계를 즐길 수 있다.

한편, 회피성 성격장애가 있는 경우에는 사교불안장애가 없어도 친밀한 관계 맺기를 주저해 좀처럼 다음 단계로 나아가지 못한다.

마음만 먹으면 데이트하고, 섹스하고, 아이를 낳아 키울 수도 있지만, 부담과 책임이 커지는 결혼이나 육아에 대해 저항감을 느낀다. 육아나 가족과의 관계에서도 즐거움보다는 귀찮고 번거롭다는 느낌이 더 크다. 불안하다기보다 귀찮아서 행동하지 못하는 경향이 강하다.

두 장애가 합쳐지면, 본래도 사람과 관계하는 데 기쁨이나 의욕이 낮은데, 여기에 과도한 불안이나 긴장까지 동반되어 사람들 앞에 서거나 접촉하는 것이 한층 더 어려워 회피하려고 한다.

　사교불안장애의 약 67퍼센트는 회피성 성격장애를 동반하는데, 그런 경우에는 소극적인 생활을 하기 쉽다.

▶불안이 우위다 → 사교불안장애일 가능성이 있다.

▶회피가 우위다 → 회피성 성격장애일 가능성이 있다.

사교불안장애와 혼동되는 주요 질환 및 상태
....

- 우울 상태(특히 가벼운 우울이 만성적으로 이어지는 기분부전증, 적응장애 등)

- 다른 불안장애(범불안장애, 광장공포증, 공황장애, 분리불안장애, 강박 장애)

- 자폐 스펙트럼 장애

- 조현병, 망상 장애

- 신체이형장애

- 회피성 성격장애

3

불안과
싸우지 않는다

증상의 메커니즘을 이해한다

이 장에서는 사교불안장애의 대표적인 병리 모델(병이 되는 메커니즘을 설명하기 위한 이론)인 인지행동치료 모델에 대해 배우고, 불안을 극복하려면 어떻게 해야 하는지 살펴보자.

인지치료는 초기에 우울증을 치료하기 위해 발전했지만 이후 불안장애에도 효과가 있다는 사실이 입증되면서 적용 범위가 넓어졌다. 사교불안장애에 대한 인지치료도 시도되고 있는데, 그중에서 병리를 이해하기 위한 '인지 모델'이 등장했다.

'인지'란 사물을 받아들이는 방식을 일컫고, '인지 모델'이란 인지의 균형이 어느 한쪽으로 치우치면서 증상이 나타나는 구조를 설명하는 것이다. 대표적인 것 중 하나가 1995년에 클라크Clark와 웰스Wells가 제창한 인지 모델이다.

그것에 따르면, 사교불안장애가 있는 사람은 타인에게 좋은 인상을 주어야 한다는 생각에 사로잡혀 있다.

긴장하지 않고서 재미있고 매력적으로 이야기해 완벽한 모습으로 사람들에게 사랑받아야 한다는 기준을 은연중에 스스로 떠안는다.

그런데 그 기준에 집착할수록 '실패하면 어쩌지' 하는 불안이 커진다.

사교불안장애인 사람이 그런 기준을 자신에게 부과하는 데는 어떤 숨겨진 신념이 작용한다. 그 신념이란 '나는 보잘 것없다, 남의 비웃음을 받는 인간이다'라는 근거 없는 확신이다. 그 부정적인 평가로부터 자신을 지키기 위해 타인에게 잘 보이려고 완벽하게 행동하지 않으면 안 된다는 기준이 만들어지는 것이다.

그런데 그 기준에 구속당할수록 완벽하게 행동하기 어렵

고, 거기서 실패라도 하면 웃음거리가 될 거라는 불안이 생긴다.

심지어 사교불안장애인 사람이 혼란이나 공황에 빠지는 메커니즘에 따라 자신에게 과도하게 주목하는 악순환으로 이어지기도 한다.

타인의 평가에 신경이 너무 곤두서 타인의 반응이 아닌 자신의 반응에 사로잡히고 마는 것이다.

손이 떨리지는 않는지, 목소리가 긴장하지는 않는지, 주위 사람이 들을 만큼 심장이 뛰지는 않는지, 호흡이 거칠지는 않는지, 얼굴이 빨갛게 달아오르지는 않는지, 머릿속이 하얘져 종잡을 수 없게 돼버리는 건 아닌지······. 이렇듯 자신의 신체감각에 주의를 집중할수록 주위 사람들의 이목도 자신에게 향한다고 느껴, 한층 더 심하게 자신에게 신경 쓴다.

주의를 자신에게 집중하다 보면 신체감각의 변화가 강해지고 끝내 통제할 수 없는 상태에 이르게 된다. 감각이란 의식할수록 민감해지고 강해지는 성질이 있기 때문이다.

이윽고 통제할 수 없는 신체감각의 폭주에 압도당해 중

요한 성과에 전혀 집중할 수 없다. 신체감각 이외의 것은 저만치 멀어져 마치 망원경을 거꾸로 들고 외부 세계를 보는 듯한 현실감의 변용이 일어난다. 주위 상황이 눈에 들어오지 않고 자신이 무엇을 하고 있는지도 좀처럼 알 수 없게 된다. 생각지 못한 엉뚱한 행동을 하기도 하고, 이야기가 도중에 중단되면 본래 주제로 되돌아갈 수도 없다.

그런 혼란스러운 상황을 겪으면, 또 실수를 저질러 우스갯거리가 될까 두려워 그 같은 상황을 피하거나 머릿속에서 예행연습을 하지 않고는 아무 말도 할 수 없다. 결국 현실 상황에서 임기응변적으로 말하고 대처 능력을 키울 기회를 차단한다.

이렇듯 자신은 사람들 앞에서 말하는 게 서툴고 웃음거리가 될 뿐이라는 잘못된 생각을 수정하지 못한 채 증상으로 고정된다.

결국 우스갯거리가 되는 게 두려워 사람들 앞에서 가볍게 말하지 못하고 실수하는 상황으로 자기 자신을 밀어 넣는다. '두렵다, 고로 두려워진다'라는 심리적 역설에 빠지는 것이다.

생각해 보자 ▶ 이 인지 모델로 제시된 메커니즘이나 상태 중 당신에게 해당하는 것은 어떤 점인가? 반대로 해당하지 않는 것은 어떤 점인가?

_____

_____

불안을 뛰어넘는 사고

그러면 어떻게 해야 심리적 역설에서 벗어날 수 있을까?

일반적인 인지 치료는 자신의 과도한 불안이 '근거 없다'는 걸 반증하고 웃음거리가 되는 걸 두려워하는 마음이 얼마나 비현실적이고 불합리한지 이해시킴으로써, 그 확신에 가까운 생각을 수정하는 것이다.

이 방법은 그 확신이 확고하지 않다면 어느 정도 효과를 볼 수 있다. 하지만 자신이 웃음거리가 되거나 분노의 대상이 될지도 모른다는 두려움에 사로잡힌 사람은 머리로는 그것이 근거 없는 것임을 충분히 알면서도 두려움이 가시지 않아 실제 행동으로 옮기기가 쉽지 않다.

불안에 근거가 없다면 아무리 반증한다고 해도 다시 그것의 반증이 나올 것이므로 현실적으로 불안이 사라지지 않는다는 사실은 바뀌지 않기 때문이다.

억지로 불안을 지우려는 자신과 불안을 느끼고야 마는 현실적인 자신 사이에서 딜레마에 빠지고 쓸데없이 자신을 추궁하기도 한다. 그럴듯한 이론이나 근거를 아무리 제시해도 불합리한 공포를 완전히 굴복시키기는 매우 어려운 것이다.

사실 그런 저항을 이겨 낼 더 효과적인 방법이 있다. 불안과 싸우지 않고 그것을 뛰어넘는 것이다. 바꿔 말하면, 불안의 여부와 상관없이 해야 할 일에 매진하는 것이다. 잘될지 망칠지, 웃음거리가 될지 그렇지 않을지 등과 실랑이하지 않는 것이다.

불안을 느끼는 건 자연스럽고 필요한 반응이다. 우리는 불안을 느끼기에 신중하게 행동하고 위험을 예지할 수 있다. 불안을 느끼지 않는 사람도 있는데, 그런 유형을 반사회성 성격장애('사이코패스'라는 말을 자주 사용하는데, 정신의학에서는 이 용어를 사용하지 않는다. 그러나 일부 뇌과학자는 이 말을 즐겨 사용한다)라고 한다.

반사회성 성격장애가 아닌 사람은 누구나 불안을 느낀다. 불안을 느끼는 것은 자신이 나빠서도 아니고, 어떻게든 해결해야만 하는 문제도 아니다.

불안에 지나치게 사로잡히지 않기 위한 중요한 핵심은 다른 데로 시선을 돌리는 것이다. 불안하든 말든 그런 건 아무래도 좋다, 중요한 건 자신이 사람들에게 하고 싶은 말을 성심성의껏 전하는 것이다, 이런 식으로 자신의 사명이나 생각에 중점을 두는 것이다.

잘 하든 못하든, 웃음거리가 되든 갈채를 받든 청중의 반응이 아닌 자신이 전하려는 메시지에 집중한다. 이런 식으로 의식의 무게를 옮길 수 있다면 사람들 앞에서 비록 긴장하더라도 연설이나 프레젠테이션을 멋지게 해낼 수 있다.

생각을 기록하는 연습을 해보자

불안을 극복하는 사고법을 익히기 위해서는 생각을 기록

하면서 불안해지는 상황마다 연습을 반복하는 것도 효과적이다.

사교불안에 국한하지 않고, 모든 감정이나 행동을 통제하는 데 가장 중요한 것은 자신에게 일어나는 감정이나 행동이라는 반응을 인식하면서 그것을 유발하는 생각이 무엇인지 알아차리고 그것을 객관적으로 보는 것이다. 그렇게 하려면 불안을 느끼는 상황이나 그것을 회피하려는 상황이 일어날 때마다 머릿속에서 생각의 흐름이 어떻게 이뤄져 그 같은 반응이 나타났는지 기록하는 훈련이 필요하다.

사람과 만나거나 교제하는 상황에서 혹은 약속한 날짜가 다가오면서 불안이 심하고 회피하고 싶은 마음이 크게 든다면, 78쪽에 제시하는 '생각을 기록하는 연습'을 해보자.

먼저 '날짜와 시간' 및 '상황과 반응'을 기록한다. 다음으로, 어떤 생각이 이뤄졌고 불안했는지 '불안을 불러온 생각' 칸에 적는다. 그리고 그 시점에서 '불안의 정도'도 기록한다. 이어서 '불안을 뛰어넘는 생각'이나 '근거 있는 합리적 생각'을 떠올려 보고 기록한다. 마지막으로, 불안의 정도가 어떻게 변화했는지 기록한다.

'불안을 뛰어넘는 생각'이란, 불안한지 아닌지 혹은 잘될지 망할지에 기준을 두는 것이 아니라 자신이 좀 더 중요하게 생각하는 일에 가치를 두는 사고법이다.

'불안하든 말든 ~하자', '잘될지 망칠지 모르지만 ~하자', '무슨 일이 일어나든 ~할 뿐이다'라는 형태로 말할 수 있다.

이 사고법에 따라 불안하든 말든 그 상황을 훌쩍 뛰어넘을 수 있다. 성공이냐 실패냐에 사고를 집중하기에 불안이나 신체 변화에서 자유로울 수 있다.

그리고 자신이 정말로 중요하게 여기는 신념이나 방침을 말하고 그 부분을 중시한다.

근거 있는 합리적 사고란 자신이 불안하게 생각하는 것이 현실적이지 않다는 사실을 근거로 제거하거나 그 근거를 들어 자신감을 키우는 사고법이다.

'~라서 걱정할 필요 없다', '~라서 자신감을 가지고 ~할 뿐이다'라는 형태로 말할 수 있다.

'생각을 기록하는 연습'을 참고로 기록해 보자.

생각을 기록하는 연습

일시	상황과 반응	불안을 불러온 생각	불안 정도
11/2 16:20	회의 중 자신이 발표할 시간이 다가오자 온몸이 긴장되고 배가 아팠다.	• 긴장한 탓에 제대로 말하지 못할지 모른다. • 설명을 요구받아도 긴장해서 답하지 못할 것이다. • A 부장이 신랄하게 몰아세울지 모른다. • 절대 잘될 리 없다.	80/100
11/2 17:30	제안한 기획에 대해 뜻밖에도 A 부장은 좋게 평가해 주었는데, 경리과장이 세밀한 수치에 대한 준비가 미흡했다고 지적하자 A 부장의 얼굴이 험악해졌다. 예상치 못한 사태에 안절부절못했다. 얼굴에서 핏기가 가시는 것 같았다.	• 부장이 언짢아했다. 잔소리를 들을 게 틀림없다. • 수치가 틀렸다면 이미 신뢰를 잃은 것이다. • 이제 최악의 평가를 받을 것이다.	90/100

사람들 앞에 서는 게 두려워요

불안을 뛰어넘는 생각 / 근거 있는 합리적 사고	불안 정도
• 긴장해도 괜찮으니 자신이 준비한 것을 내놓자. • 충분히 준비했고 이 건에 대해 자신이 가장 잘 알고 있으니 자신감을 가지고 답하면 된다. • A 부장이 무슨 말을 하든 그의 발언에 경의를 표하고 귀 기울여 들은 뒤 자신의 생각을 분명히 답하면 된다. • 잘되든 그렇지 않든 나름의 노력으로 최선을 다하자.	60/100
• 예상하지 못한 사태지만 당황하지 않고 냉정하게 대처하면 된다. • 자잘한 숫자의 실수는 준비가 미흡했기 때문이지 본질적인 문제는 아니다. 따라서 기획의 가치 자체를 부정당한 건 아니다. • A 부장이 평가해 준 것에 자신감을 가지자. • 수치의 미비한 오류는 사과하면서도 기획 의의에 대해서는 진심을 담아 강조하자.	70/100

4

불완전함에서
자유로워지려면

정신분석 모델

　인지행동치료와 다른 모델도 있다. 그 한 가지는 정신분석이 제시하는 모델이다. 정신분석에서는 무의식과의 인과관계를 중시한다.

　사교불안장애뿐 아니라 신경증을 설명하는 정신분석의 대표적 이론으로 '오이디푸스 콤플렉스'나 '거세불안'이 있다. 어머니를 둘러싸고 아이가 아버지와 삼각관계가 되어, 아버지에 대해 긴장하거나 두려워하면서 마음속으로 아버지를 배제하고 어머니를 독점하려는 마음을 가지지만 그것에 대한 죄책감을 느낀다는 모순된 갈등을 '오이디푸스 콤

플렉스'라고 한다. 또한 어머니와 성교하지 못하도록 아버지에게 거세당할 것이라는 공포를 '거세불안'이라고 한다.

과거에 아버지에게 그런 공포감을 가진 일이 많았는데, 현재까지도 폭력적인 아버지로 인해 아내나 아이가 고통받는다면 아버지를 죽이고 싶다는 긴장 관계가 존재할 수도 있다.

실제로 아버지가 폭력적인 가정에서 성장한 사람 대다수가 대인 관계에서 심하게 긴장하고 남자를 무서워하는 인식을 가진다.

그것은 트라우마나 학습 이론으로도 설명할 수 있다. 정신분석의 설명이 뛰어난 점은 '억압'이라는 메커니즘을 도입했다는 것이다.

정신분석에서는, 아버지에 대한 공포감을 억압함으로써 표면적으로는 아버지에게 적의는커녕 애정을 느끼지만, 마음속 깊이 존재하는 공포심이 자신과 전혀 상관없는 사람에 대한 공포심이나 그것을 해결하기 위한 행동으로 나타난다고 설명한다.

실제로는 긴장을 느끼는 상대가 아버지에게 국한되지 않

아, 아버지나 조부모가 어머니 역할을 하고 어머니가 공포
와 긴장의 대상인 경우도 있다.

때로는 억압했던 감정을 자각하는 순간, 사로잡혀 있던
공포나 설명할 수 없는 증상이 말끔히 사라지기도 한다. 상
황에 따라선 매우 효과적인 접근이 될 수도 있다.

생각해 보자 ▶ 정신분석 모델 중 당신에게 해당하는 부분이 있나
요? 억압으로 자각하지 못하는 사람이 많지만, 무엇인가 짐작되
는 바가 있다면 적어 보세요.

_____

_____

불완전함을 감추기에 알려지는 게 두렵다

정신병리학은 정신분석과 달리 정신 현상이나 병리를 정
신의학적인 개념을 이용해 객관적으로 설명하고 이해하려
는 학문이다. 독일의 정신의학자 카를 야스퍼스가 발전시

켰다.

객관적이라고 해도 마음속 현상을 물리 현상처럼 관찰할 수는 없다. 관찰은 관찰자의 마음을 통해 이뤄질 수밖에 없기 때문이다. 여기서 야스퍼스가 중시한 것은 '이해'이다.

예컨대 어떤 여성이 얼굴을 숙인 채 이쪽을 보려고 하지 않는다. 그 이유를 물으니 부끄러운 듯 "얼굴이 못생겨서 다들 저를 힐끔거리며 쳐다보니까요"라고 속마음을 고백한다. 이럴 때 '그렇구나, 그런 식으로 생각하고 있었구나' 하고 납득하는 것이 '이해'이다. 결국, 이해란 말이나 행동으로 그 사람의 마음속에서 일어나는 현상을 알아채고 공감해 주는 것이다.

다시 말해, 들은 말이나 행동이 모순 없이 설명되는 마음속 과정, 즉 메커니즘을 발견한다는 것이다. 물론 빗나가게 해석해 놓고 '이해'했다고 느낄지도 모른다. 물론 이해하는 데는 한계가 있다. 무슨 일이든 관찰에는 오차가 따르기 마련이다. 그러므로 상정한 것이 옳은지 다시금 질문하고 대화를 나누면서 확인해 간다.

그러한 노력을 차근차근 쌓아 가면 상대의 마음에서 일어나는 것을 꽤 정확하게 파악할 것이다. 관찰자는 자신의 마음에서 일어나는 '이해'라는 반응을 통해 환자의 마음에서 일어나는 현상을 이해할 수 있는 것이다.

이런 방법으로 다양한 사례를 통해 얻은 마음의 과정을 설명하는 메커니즘을 찾아가면 이윽고 한 가지 질환에는 공통의 메커니즘이 있다는 걸 알게 된다.

정신병리학에서는 사교불안장애를 대인공포의 정신병리로서 다뤄 왔다. 대인공포의 메커니즘으로서 정신병리학자가 주목한 것은 '수치'와 '죄책감'이라는 감정의 폭주였다.

대인공포에 사로잡힌 사람은 수치심이 지나치게 심하다는 병리를 가지고 있다는 것이다.

수치심이란 무엇일까? 그것은 본디 감추고 싶은 불완전함이 고스란히 드러남으로써 생기는 감정이다.

예컨대 상대가 당연히 알고 있는 걸 자신은 모른다는 사실을 알아차리면 부끄럼을 느낀다. 자신의 불완전함이 상대에게 알려졌기 때문이다.

그런데 어째서 불완전한 자신이 타인에게 알려지면 부끄러울까?

그것은 지금까지 받아 온 교육이나 양육에 의해 그 사람이 가지게 된 가치관에 반하기 때문이다. 자신의 불완전함이 드러나는 것은 부끄러운 일이라고 교육받아 온 결과다.

그렇지만 애당초 완전한 사람은 존재하지 않는다. 불완전한 존재지만, 모든 사람이 수치심으로 고통받는 것은 아니다.

대부분 사람은 불완전한 부분을 덮어 숨기고 애써 생각하지 않으려고 한다. 그런데 애써 숨긴 것이 드러나 다른 사람들에게 폭로되려고 하면 수치심을 가질 수밖에 없다.

수학에서 낙제점을 받아도 답안지를 꼬깃꼬깃 구겨 남의 눈에 띄지 않게 버리면 수치심에서 도망칠 수 있다. 그런데 작게 구겨서 틀림없이 버린 답안지를 누군가 주워 친절하게도 원래 주인에게 건넨다면 몹시 창피할 것이다.

물론 완전함에 대한 집착이 강한 사람이 있는가 하면, 전혀 그렇지 않은 사람도 있다. 불완전함이 알려지는 걸 명예나 목숨이 달린 중대한 일로 여기는 사람이 있는가 하면, 무엇이 알려지든 특별히 신경 쓰지 않는 사람도 있다.

완벽주의자여서 자신의 잘못을 용납하지 못하는 사람은 사람들 앞에서 실수하는 것을 곧 자신의 불완전함을 드러

내는 엄청난 사건으로 느낄 것이다.

대인관계 밑바닥에는 자신이 완전하지 못하다는 사실이 알려질까 봐 두려워하는 공포심이 잠재해 있다는 것이 정신병리학자들의 견해다.

그러나 왜 불완전함이 드러나는 것과 사람을 두려워하는 것이 하나로 연결되었을까? 사실 대인공포가 있는 사람에게 타인이란 자신의 불완전함이 알려질지 모르는 존재이기 때문이다.

결국 자신의 흠을 들춰 우스갯거리로 만들고 심술궂게 공격해 오는 존재로 타인을 여기는 것이다. 그런 까닭에 사람을 만나고 그 사람의 시선을 받는 게 두렵다. 타인의 시선을 받으면 자신의 불완전함을 찾아내어 폭로해 버릴 우려가 있기 때문이다.

그런 생각에는 실제로 흠이 들춰져 웃음거리가 되었던 경험이 관계하고 있다. 심리적 학대나 괴롭힘을 받은 사람에게서 사교불안장애가 나타나는 비율이 높은 사실도 이 이론과 모순되지 않는다.

대인공포나 사교불안의 배경에 불완전함이 드러
나는 데 대한 두려움이 자리 잡고 있다는 정신병리학 모델에 대
해, 당신에게 해당하는 부분이 있나요? 불완전함이 알려지는 데
대한 공포가 언제부터 어떤 체험이나 가르침에 의해 강해졌다고
생각하나요?

불완전함이 드러난다는 공포를 뛰어넘는다

시선에 대한 과민성이나 대인불안의 배경에 자신의 불완
전함이 알려지는 데 대한 공포가 숨어 있는 경우, 어떻게 하
면 그 공포를 극복할 수 있을까?

한 가지 방법은 자신이 적극적으로 나서서 불완전함을
알리는 것이다. 예컨대 지나치게 긴장해 손이 떨려 곤란할
때, 그것을 숨기려고 하면, 그것이 알려지는 것에 수치심이
생긴다.

그러나 자신이 직접 "몹시 긴장됩니다. 지금도 마이크를 든 손이 이렇게 떨리네요. 요전에는 손을 떨다가 마이크를 떨어뜨렸는데, 엄청나게 큰 소리가 났습니다. 오늘은 마이크만큼은 떨어뜨리지 않겠다는 각오로 이 자리에 섰습니다"라는 식으로 자신이 긴장하고 있다는 걸 알리면, 의외로 그것이 사람들의 웃음을 이끌어 내고 친근감을 주는 좋은 포석이 되기도 한다.

이렇듯 무엇이든 숨기고 싶은 것을 오히려 적극적으로 말하면 대개 청중은 흥미롭게 들어 준다. 진심을 있는 그대로 전하면 그럴듯하게 꾸민 이야기보다 훨씬 재미있기 때문이다.

"왜 이렇게 긴장되는지 생각해 보니, 제가 사람들의 시선을 겁내더군요. 솔직히 여러분의 시선도 몹시 무섭게 느껴집니다. 매서운 눈으로 뚫어지게 보시면 저의 좋지 않은 점을 들켜 버릴 것 같거든요. 험악한 눈으로 보지 말고 조금 온화한 시선으로 봐주세요."

이처럼 스스로 약점을 털어놓으려면 정면에서 자기 자신을 객관적으로 보고 자신을 표현하는 연습을 해야 한다. 카운슬러를 찾아가거나 문장으로 자신을 표현하면서 이제껏 피해 왔던 것을 말로 연습하는 것이다. 지금까지 숨겨 온 것을 홀가분하게 말하고 타자와 공유하면 자신이 숨기려고 했던 것이 더 이상 특별히 부끄러운 일도 아니며, 자신이 불완전한 인간도 아니라는 증거가 되는 셈이다. 오히려 그것을 말한 시점에서 자신의 약점과 마주할 만큼 강인해졌음을 깨닫게 될 것이다.

생각해 보자 ▶ 자신에 대해 타인에게 알리고 싶지 않은 것, 부끄럽다고 생각하는 것, 숨기는 것이 있다면 적어 보세요. 최근의 일도 좋고 어린 시절이나 예전에 있었던 일도 상관없어요.

_____

_____

생각해 보자 ▶ 사람을 대할 때나 사람들 앞에서 말할 때, 자신의 꼴불견 모습이나 추한 모습, 결점처럼 타인에게 알려지기 싫은 것은 무엇인가요? 그것을 다른 사람에게 이야기한다는 마음으로 적어 보세요.

죄책감이 수치심이나 대인긴장을 강화시킨다

자신의 불완전함이 사람들에게 알려지는 것만으로도 부끄러운데, 거기에 죄책감까지 뒤섞이면 수치심은 한층 강력한 감정으로 변한다.

죄책감에는 선악이라는 관념이 관계한다. 선이란 착한 행위를 하는 것이고, 악이란 금지된 행동에 발을 담그는 것이다. 죄책감을 느낀다는 것은 해선 안 되는 일을 저질렀다고 생각하기 때문이다.

선악의 관념은 부모나 학교, 종교시설에서의 가르침에 의해 형성된다. 착한 행동은 칭찬받지만, 나쁜 행동은 호된 꾸중을 듣는다는 양면적인 양육이나 교육을 받으면, 나쁜 행동을 해선 안 되며 만일 그런 행동을 저질렀다면 다른 사람들에게 알려지지 않도록 숨겨야 한다는 방어반응이 생겨난다.

반대로, 착한 점도 나쁜 점도 있는 그대로 너그럽게 받아주는 환경에서 성장한 사람은 선악의 양면성에 그다지 사로잡히지 않는다. 죄책감에 시달리는 일도 적을뿐더러 숨기려 하지 않고 마음도 쉽게 연다.

죄책감을 느끼는 사람은 이런 양면성을 가지고 있어 자신의 속마음을 숨겨야 한다고 생각하기 때문에 쉽게 대인긴장이 강화된다.

따라서 죄책감에 사로잡혀 있는 상태에서 벗어나려면 마음을 열고 있는 그대로의 모습을 보여 주어야 한다. 그러면 결과적으로 대인긴장이 완화된다.

생각해 보자 당신은 죄책감을 쉽게 느끼는 편인가요? 아니면, 좀처럼 죄책감을 느끼지 않는 편인가요? 어떨 때 쉽게 죄책감을 느끼나요? 구체적인 상황을 적어 보세요.

또 그다지 죄책감을 느끼지 않아도 그런 기분을 억눌러 되도록 떠올리지 않으려는 경우가 있어요. 과거에 그런 기분에 사로잡힌 시기가 있었나요? 있었다면 그때의 일을 적어 보세요.

_____

_____

생각해 보자 당신의 죄책감은 어떤 가르침이나 체험에서 왔나
요? 또 죄책감과 양면성, 속마음을 말하지 못하는 경향과의 관계
에 대해 알아차린 것이나 짐작되는 것이 있다면 적어 보세요.

_____

_____

죄책감은 사람과의 관계에서 긴장하고 마음을 닫는 원인
이기도 하지만, 만성적인 우울이나 불안의 원인도 된다. 다
음은 강한 죄책감을 가진 사람이 그것을 극복하기 위한 수
업이다.

죄책감의 지배에 대해

죄책감은 크게 두 종류가 있다. 본래의 죄책감은 본연의 자신에게서 벗어나려는 것에 대한 양심의 가책을 뜻한다. 그리고 지배의 죄책감은 본연의 자신이 되려는 걸 방해하는 무의식의 지배를 받는다.

이 가운데 그 사람의 행동을 야금야금 옭아매는 것은 '무의식의 지배에서 오는 죄책감'이다.

그 사례를 살펴보자.

① 자신의 생각을 주장하거나 상대의 뜻에 반하는 행동을 하면 나쁜 짓을 한 것 같다.

② 자신의 행복을 음미할 뿐인데, 부모나 다른 사람을 희생시킨 것 같아 찜찜하다.

③ 부모나 상사의 불합리한 지시에 당연히 반발한 것뿐인데, 왠지 나쁜 짓을 한 것 같다.

④ 실제로는 자신을 착취하는 상대에게 오히려 자신 같은 사람을 상대해 주어 고마워하며 열심히 일한다.

왜 죄책감에 사로잡히는가?

죄책감은 '마땅히 ~해야 한다', '~해서는 안 된다'고 하는 어린 시절부터 주입된 의무나 금지를 위반하는 데 대한 무의식적인 저항과 초자아적 지배에서 비롯된다.

가르침에 따르면 '착한 아이'로 인정받고 칭찬받아 마음이 편안하지만, 그것을 거스르면 '나쁜 아이'로 인식되어 벌이나 비난을 받는다.

직접적으로 벌이나 비난을 받지 않더라도 죄책감이 생긴다. 죄책감이란 가르침을 위반하는 자신을 스스로 '나쁜 아이'라고 벌하는 것으로, 부모의 무의식적인 지배에 있음을 표현하는 것이기도 하다.

양극단의 부모나 조건부 애정을 받으며 성장한 사람은 '착한 아이'일 때는 '친절한 부모'가 칭찬해 주고, '나쁜 아이'일 때는 '무서운 부모'에게 공포나 모욕을 받으며 자라, 그것을 직접적으로 받지 못하면 찜찜해한다. 그런 까닭에 죄책감에 쉽게 지배당한다.

죄책감에서 자유로우려면

결국 죄책감은 부모의 지배를 표현하는 것으로, 좋은 아이가 아니라는 주입된 공포나 두려움에서 비롯된다. 그래서 지배로부터 벗어나려면 '나쁜 아이'가 되어 반란이나 혁명을 일으킬 필요가 있다. 결국 '나쁜 아이'인 자신만이 열쇠이자 힘을 지닌다. 그렇게 생각하면 상황이 180도 바뀐다.

죄책감은 자립으로 나아가는 과정에 있다는 증거다. 죄책감을 깨고 자신이 결정한 길을 나아가면 자기다운 인생을 실현할 수 있다.

물론 그 죄책감이 본래의 자신에게서 벗어난 데서 오는 양심의 가책인지 아닌지 분명하게 판단하는 것이 중요하다.

죄책감을 극복하기 위한 연습

죄책감을 이겨 내고 본래의 자신으로 돌아가기 위한 연습을 해보자.

① 죄책감을 느끼는 장면을 떠올리고 적어 보자.

_____

_____

② 부모의 가르침이나 기대를 저버린 '나쁜 아이'로 생각
되는 것은 어떤 점인가?

_____

_____

③ 당신이 부수려고 했던 장벽은 무엇인가?

_____

_____

④ 죄책감을 굴복시키고 당신이 되려고 했던 본래의 자
신이란 무엇인가?

_____

_____

5

애착과 불안

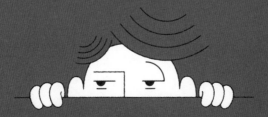

배경에 불안정한 애착의 과제가 있을지도

지금까지 사람에 대한 긴장과 교제할 때 불안을 느끼는 배경에 대해 알아보았다.

그 이유는 자신에 대한 타자의 평가를 지나치게 신경 쓰고, '자신이 완벽한 사람이어야 한다'는 강박사고에 사로잡히거나 불안전한 자신이 세상에 드러나는 것을 두려워한 탓이었다. 또한 아버지에 대한 공포나 갈등도 관련 있다는 것을 이해했다.

그런데 왜 타자의 평가를 신경 써야 하는 것일까? 왜 불완전한 자신의 유약함을 사람들에게 털어놓지 않고 부끄러워하며 숨기려는 것일까? 어째서 아버지를 두려워해야만 하는 것일까?

그 모든 것의 배경에는 본래 있는 그대로의 자신에 안심하지 못하는 불안정한 애착 문제가 자리 잡고 있다.

애착이란 어린 시절 양육자와의 사이에서 형성되는 유대감으로, 심리적인 현상을 초월한 생물학적 구조라고 할 수 있다. 그 애착 구조가 대인관계의 토대가 되고, 스트레스나 불안을 완화해 주기도 한다.

애착이 안정적인 사람은 '옥시토신'이라는 호르몬이 풍부하게 분비되는데, 이 호르몬은 불안이나 스트레스로부터 자신을 지키는 작용을 한다. 따라서 타인과 친밀한 관계를 형성하고 그것을 유지할 뿐 아니라 여러 다양한 긴장이나 스트레스에서 몸을 지켜 준다.

안정한 애착을 키우지 못했거나, 애착을 키웠더라도 어떤 사정으로 상처를 받으면 스트레스나 긴장, 불안을 쉽게 느껴 사교불안장애 형태로 나타나기도 한다.

애착 스타일과 사교 불안

애착에는 몇 가지 유형이 있는데, 크게 안정형, 회피형, 불안형, 공포 회피형, 미해결형으로 분류할 수 있다.

① 안정형……과도하게 의존하지도 고립되지도 않고 적절히 균형 잡힌 관계를 유지한다. 안전기지가 되어 주는 존재와의 관계가 잘 기능한다.

② 회피형……친밀한 관계를 피하거나 기분이나 속마음을 억제하며 타인과 표면적으로만 관계한다.

③ 불안형(양가형)……상대가 자신을 어떻게 생각하는지 신경 쓰는 경향이 강하다. 한편 자신의 기대에 반하는 일이 있으면 심하게 실망하고 분노나 혐오를 보인다. 의존하고 있으면서 비난받을지 모른다는 반응이 쉽게 일어난다.

④ 공포 회피형……친해지고 싶지만 거부당하거나 미움받을까 봐 무서워 다가가지 못하는 딜레마에 빠진다. 그러나 일단 친해지면 강한 의심이나 독점욕이 얼굴

을 내밀어 관계가 삐걱거리는 요인이 된다.

⑤ 미해결형……미해결된 애착의 상처를 끌어안고 있어
부모나 특정 존재를 생각하는 것만으로도 마음이 불
안정해진다. 미해결형은 다른 불안정한 애착 유형과
함께 나타나는 경우가 많다.

사교불안이나 사람들과의 관계에서 얼마만큼 긴장하는
지는 애착 스타일에 따라 다르다. 안정형은 낮고 불안형은
그보다 조금 높으며, 공포 회피형은 매우 높은 경향을 보인
다. 회피형은 대인긴장이 높은 사람과 낮은 사람으로 나눌
수 있다.

애착 스타일에 대해 자세히 알고 싶으면 나의 책《애착장
애》에 수록된 애착 스타일 진단 테스트를 참조하기 바란다.

애착은 안정화될 수 있다

애착 문제는 과거 부모와의 관계를 반영한다. 어린 시절

의 체험이 강하게 영향을 미친다. 그러나 어른이 된 뒤 안정형에서 불안정형으로 변하거나 불안정형에서 안정형으로 변하는 경우도 적지 않다.

사교불안장애가 있는 사람은 공포 회피형이 많고, 불안형이나 회피형도 볼 수 있다.

애착 문제가 커 보일 때는 불안형이나 회피형, 공포 회피형을 개선하기 위한 프로그램이 개발되어 있으니, 그러한 프로그램에 근거한 상담을 받을 수도 있다.

생각해 보자 당신의 애착 스타일은 어떤 유형에 해당하나요? 그 애착 스타일과 당신이 느끼는 어려움은 어떻게 연결되어 있나요? 떠오르는 생각들을 적어 보세요.

_____

_____

6

피할수록
두려워진다

이 장에서는 사교불안장애를 치유하는 데 방해가 되는 주요한 요인인 '회피'에 대해 살펴보자. 그리고 장점과 단점을 모두 가지고 있는 '안전확보행동'에 대해서도 이해하고 자신에 대해 좀 더 깊이 알아보자. 나아가서, 회피가 치유를 방해하고 성격 전반으로 확대되는 구조를 이해하며, 치유하려면 무엇이 필요한지 생각해 보자.

회피와 '패자의식'의 고정화

사교불안장애는 유전적·발달적 요인을 포함하는 기질적

인 요인에 양육·체험적 요인이 더해져, 실수할까 두려워하고 특정 상황에서 잘하지 못할 거라는 패자의식이 주요 증상으로 나타난다.

한 차례라도 공포감이나 패자의식을 느낀 적 있으면 그 상황을 피하려는 '회피'가 나타난다. 회피하는 동안 그 같은 상황에 대처하는 기량이나 스트레스 내성이 더욱 저하되어 '잘할 수 있다'는 자신감은 물론 능력도 잃게 된다.

처음에는 어떻게든 참으며 해냈던 일이 점차 생각만 해도 두려워진다. 자꾸 회피함으로써 잘하지 못하는 일이 마침내 공포의 대상으로 고정된다.

'말에서 떨어졌다면 곧장 말에 올라라. 그러지 않으면 다시는 말을 탈 수 없게 된다'는 말도 있듯이 회피만 하지 않는다면 실패 체험을 성공 체험으로 바꾸고 자신감을 되찾을지도 모른다. 하지만 회피하는 동안에는 그것이 도전조차 하지 못하는 공포의 대상이 된다. 이것이 패자의식과 회피 증상의 고정화가 일어나는 과정이다.

사교불안장애가 있는 사람이라면 이미 어느 정도 고정화가 일어났다고 볼 수 있다.

생각해 보자 '실패할지 모른다'는 두려움을 가져오는 체험과 이후 회피함으로써 패자의식이나 공포가 강해진 적이 있다면 무엇인지 써보세요.

_____

_____

안전확보 행동

회피 행동은 불안의 원인이 되는 상황을 피하려는 것인데, 다른 특징적인 행동으로 불안에 사로잡힌 사람에게서 흔히 '안전확보 행동'을 볼 수 있다.

안전확보 행동은 안전감을 높이기 위한 예방적 행동이다. 예컨대 자신이 잘하지 못하는 일을 하기에 앞서 어떤 주술적인 단조로운 행동을 하는 것도 안전확보 행동이라고 할 수 있다.

사교불안장애에 그치지 않고 불안이 강해진 상태에서는 회피 행동과 함께 안전확보 행동을 보인다. 예컨대 공황장애가 있는 사람이 이전에 전철 안에서 공황 증상을 일으킨 적이 있다면 전철 이용을 피하려는 회피 행동을 보인다.

이런 경우 공황 증상이 나타났을 때에 대비해 늘 약을 지니고 다니거나, 전철에서 언제든 내릴 수 있도록 역마다 정차하는 전철을 이용하고 문 가까운 곳에 자리 잡는 것은 안전확보 행동이다.

사교불안장애도 회피 행동과 함께 안전확보 행동을 보인다. 사람들 앞에서 말하고 함께 식사하는 자리를 피하거나 외출과 사람들과의 접촉 자체를 피하려는 것은 회피 행동이지만, 사람에게 주목받지 않도록 눈에 띄지 않는 자리에 앉거나 고개를 숙이는 것은 안전확보 행동이라고 할 수 있다.

또 실패하지 않으려고 예행연습을 반복하고 몇 번씩 확인하는 것도 안전확보 행동이다. 사교불안장애를 가진 사람에게서는 해야 할 말을 미리 머릿속에 떠올리고 완벽하게 외우지 않고는 불안해서 말하지 못하는 모습을 종종 볼 수 있다. 또 자기 대신 말해 줄 사람과 함께 행동하려는 것도 흔히 보이는 안전확보 행동이다.

안전확보 행동에는 부분적 회피 측면도 있다. 거기에 너무 의존하면 필요한 훈련을 할 기회가 줄고 패자의식을 떨쳐 내지 못한다. 그러나 잘하지 못해 주눅 들어도 어떻게든 해내기 위해 대책을 세운다는 적극적인 측면도 있다. 안전확보 행동을 보임으로써 완전한 회피에 빠지는 것을 막는 것이다.

불안장애가 고정화되는 것은 습관적으로 회피 행동이 이뤄지고 개선할 기회를 잃었기 때문이다. 지독한 불안에 사로잡혀 있을 때는 회피 행동으로 우선 마음을 편안하게 가지는 것도 중요하다. 하지만 그것을 극복하기 위해서는 회피 행동도 안전확보 행동도 차츰 줄여 나가야 한다.

그 경우 처음부터 회피 행동과 안전확보 행동을 모두 그만두겠다는 등 너무 높은 목표를 세우면 좀처럼 실행에 옮길 수 없다. 최종적으로는 안전확보 행동을 줄이는 것이 목표지만, 처음부터 그렇게 하려고 하면 불안이나 긴장이 심한 상황에서 도망갈 곳을 잃고 두려움에 떨며 생각처럼 잘해내지 못한다.

당신은 마음을 편안하게 하기 위해 어떤 안전확

보 행동을 하나요? 그것으로 얻는 좋은 점과 나쁜 점은 무엇인

가요?

회피 확대와 성격화

원래 패자의식을 가지거나 회피하는 대상을 특정한 상황
에 국한한다. 그런데 실패나 부정적 체험이 계속 쌓이면 비
슷하게 긴장하는 상황이나 실패할지 몰라 두려운 상황을
피하게 된다. 그러면 점차 패자의식도 회피도 다른 행동이
나 상황으로 확대되어 간다.

어릴 때 시작된 것은 물론 도중에 생긴 것도 회피하려는
경향이 강해져 넓은 범위로 확대될 가능성이 매우 크다. 그
결과 조금이라도 실패할 것 같으면 피하려고 해 생활이 위
축된다. 취직이나 결혼은 물론 사람과 교제하는 것도 피하

고 은둔형 외톨이가 되기도 한다.

그런 경향이 오랜 세월 이어지면 '성격'과 분간하기 어려워져 행동뿐 아니라 사고방식, 가치관까지 큰 영향을 미친다. 나이가 많고 병력이 긴 사람일수록 증상이 광범위하게 나타나는 것도 이 같은 메커니즘에 기인한다.

본래 그런 성격인 사람도 있지만, 적극적이고 대담한 성격이었는데 언제부터인가 소심해지고 심하게 불안을 느끼는 성격으로 바뀌는 경우도 적지 않다. 자신감과 자존감이 낮아지고 회피하는 대상이 넓어진다.

실패를 극도로 두려워하고 도전을 피하려는 경향이 심해져 생활이 위축되는 상태를 '회피성 성격장애'라고 부른다. 사교불안장애가 광범위해지고 인격화한 것이라고 할 수 있다.

회피성 성격장애와 사교불안장애는 중첩되는 부분도 있지만 어디까지나 별개다. 사교불안장애가 있다고 반드시 적극적인 도전을 피하는 회피적인 라이프스타일을 고집하는 건 아니다.

사교불안장애가 있어도 배우나 운동선수, 기업의 최고 경영자로 활약하는 사람도 있고 국가의 수상이 된 사람도 있다. 반대로, 사교불안장애가 없어도 회피적인 라이프스타일을 고집하며 소극적인 태도로 살아가는 사람도 있다.

중요한 것은 사교불안장애가 있더라도 무조건 회피하며 소극적인 태도에 빠지지 않는 것이다. 사교불안장애를 극복하는 데는 이것이 매우 중요하다.

자신이 하고 싶은 것, 눈앞에 놓인 일만 하는 것이 이 장애를 극복하는 가장 중요한 핵심이다.

생각해 보자 자신이 하고 싶은 일, 해야만 하는 일을 불안이나 두려움 때문에 포기하거나 피한 적이 있나요? 지금도 그만두거나 피하는 일이 있나요? 그것에 대해 적어 보세요.

생각해 보자 위의 [생각해 보자]에서 기록한, 포기하거나 피한 것에 대해 어떻게 생각하나요? 사실은 어떻게 하고 싶나요? 지금 당장 하지 않아도 좋으니 장차 어떻게 하고 싶은지, 어떻게

되고 싶은지 적어 보세요. '그래 봤자 실현할 수 없다'고 생각할 지도 모르지만 자신이 바라는 걸 언어로 정리해 보는 것이 그것을 실현하는 첫걸음입니다. 글로 적기만 해도 회피를 이겨 내는 첫발을 내딛는 것입니다.

회피의 악순환 끊기

사교불안장애는 불안해하거나 긴장하는 상황을 회피함으로써 그것이 고정화되고 점차 범위가 넓어져 회복을 방해한다는 사실을 이해했다. 이를 극복하기 위해서는 회피를 멈추는 것이 매우 중요하다.

그러나 회피를 멈추고 패자의식에 빠뜨리는 상황과 마주한다는 것은 결코 간단한 일이 아니다. 그것을 돌파해 악순환을 완전히 역전시키기 위해서는 어떻게 하면 좋을까?

회피는 몸에 각인된 불안이나 공포심 때문에 생긴 것이

다. 그런데 불안이나 공포심은 뇌 속에 있는 편도체라는 비교적 원시적인 기관에 각인되는 강한 감정 반응이라서 이성으로 통제할 수 없다. 도망치면 안 된다는 것을 잘 알면서도 불안에 사로잡히면 몸이 그것을 거부한다.

불안감과 공포에 맞서겠다고 굳게 마음먹고도 두려워서 포기하기를 몇 번 되풀이하다 보면 점차 자신감도 없어지고, 압도적인 공포나 불안과 마주해, '나한텐 무리야'라는 확신을 가지게 된다. 그러면서 121쪽의 그림과 같은 악순환의 사이클이 만들어진다.

악순환의 사이클은 사회적 상황에서 실패를 하거나 창피한 체험, 또는 울렁증으로 인한 문제를 체험하면서 시작되는 경우가 많다.

게다가 그런 일이 또 벌어지면 어쩌나 하는 불안감 때문에 그런 상황과 마주치지 않으려고 '난 그 자리가 어렵다, 잘 해내지 못할 것이다'라는 패자의식이 서서히 고정화된다. 이것은 다시 자신감과 능력 저하로 이어져 실패 체험을 초래한다. 그러다 보면 실패할지 모른다는 패자의식이 더욱 굳건해진다.

악순환의 사이클 (자신감 상실과 패자의식 고정화)

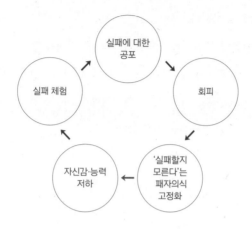

회복 사이클

그렇다면 어떻게 해야 좋을까? 이 상황에서 회복하려면 악순환의 사이클을 거꾸로 돌릴 필요가 있다. 이때 열쇠를 쥐고 있는 것은 '민감소실(탈감작)'이라는 현상이다(126쪽 참조). 인간에게는 어떤 일이든 익숙해지는 능력이 있다. 불안이나 공포심을 떨쳐 내는 데 매우 효과적인 것은 실제로 행동해서 두려움에 익숙해지는 것이다. 처음에는 몹시 힘들어도 몇 번 반복하는 가운데 경험이 쌓이면 불안이나 공포가 대폭 줄어든다.

악순환의 사이클을 거꾸로 돌리려면 회피를 멈추고 힘들어하는 상황 속으로 뛰어드는 수밖에 없다. 이 같은 방법을 '노출치료exposure'라고 한다. 현시점에서 사교불안장애를 회복하는 가장 효과적인 치료법이다.

호순환의 사이클 (노출치료)

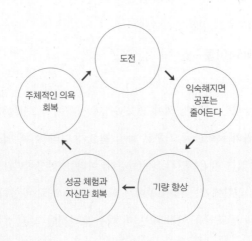

사람들 앞에 서는 게 두려워요

작은 단계로 나눠 조금씩 나아간다

회복 과정이 문제없이 진행하게 하려면 '약간의 노력으로 달성할 수 있는' 과제를 목표로 설정하고 도전하는 것이 핵심이다. 성공할 확률이 낮은 어려운 도전은 오래 이어 나가기 어렵고, 실패하면 오히려 자신감을 잃을 우려도 있다.

목표를 크게 세우더라도 단계를 나눠 달성해 나가는 것이 기본이다.

목표 과제를 달성할 수 있다거나 없다거나, 양자택일의 사고 패턴을 가진 사람은 작은 도전은 쓸데없다고 생각해 회복하는 데 방해가 되기 쉽다.

자신이 달성할 수 있는 도전에 힘을 쏟으면 도전에 대한 공포감이 줄어들고, 어떻게든 과제를 달성하려고 노력함으로써 기량과 자신감이 향상된다. 그러면 계속해서 도전할 의욕이 샘솟는다.

이와 같이 꾸준히 노력하는 방법 외에 한 번에 강렬한 자극으로 '실패할지 모른다'는 패자의식을 날려 버리는 방법도 있다. 이것을 '홍수법*'이라고 한다.

다소 거친 방법이지만 확실한 효과를 얻을 수도 있다는 장점이 있다. 그러나 자칫 실패에 대한 더 큰 두려움을 갖게 되거나 거부반응이 강화될 수도 있으므로, 안전하고 확실하게 진행해야 하는 경우에는 권할 수 없다. 궁여지책 정도로 생각하자.

앨버트 엘리스의 노출치료

합리적 정서행동치료라는 심리치료법을 창시한 심리학자 앨버트 엘리스Albert Ellis는 사람들 앞에서 말하는 데 극심한 어려움을 겪었다. 청중을 대상으로 말하려고 하면 목소리가 떨리고 머릿속이 하얘져 자신이 무슨 말을 하는지 알수가 없었다. 오늘날의 진단으로 보면 틀림없는 사교불안장애다.

★ 노출치료의 하나로 두려움을 느끼는 대상에 장시간 그리고 집중적으로 노출시킴으로써 공포를 없애는 치료법-옮긴이

엘리스는 사람들 앞에서 말하는 상황을 피하려고 했지만, 어느 날 용기를 쥐어짜 자기 자신에게 과제를 하나 부여했다. 그 과제는 매일 공원 벤치에 앉아 있는 여성에게 먼저 다가가 말을 건네는 것이었다.

총 130명에게 말을 건넸는데, 그중 30명은 엘리스를 완전히 무시하고 일어나 다른 데로 가버렸다. 그러나 나머지 100명은 엘리스의 대화 상대가 되어 주었다. 그중 한 사람과는 데이트 약속까지 했다.

이 같은 훈련을 반복한 결과, 엘리스는 사람들 앞에서 조금도 긴장하지 않고 말할 수 있게 되었다. 엘리스는 이렇게 말한다.

"이 훈련을 하는 동안 아무도 구토하지 않았고 경찰을 부르지도 않았으며 나 역시 죽지 않았다. 상상 속에서 두려워만 하는 것이 아니라 현실에서 일어나는 일을 실제로 시도해 보고 이해함으로써, 나는 여성에게 말을 건네는 것에 대한 공포심을 극복했다."

엘리스의 이 방법이 바로 노출치료다. 자신이 어려워하는 상황이나 서툰 행동에 오히려 노출시킴으로써 민감소실을 일으키고 불안이나 공포를 느끼지 않게 되는 것이다. 일상적인 용어로 말하면 '익숙해지는' 것이다. 인간은 반복하면 대개 익숙해진다.

민감소실이란 민감해진 감작 상태에서 벗어나는 것을 말한다. 민감하다는 것은 과민한 상태라는 의미다. 꽃가루에 민감해지면 꽃가루 알레르기를 일으키듯이 사교불안장애가 있는 사람은 사람들 앞에서 말해야 하는 상황에 민감해지고 과민해진다.

이 과민함을 없애는 민감소실 방법은 두 가지가 있다. 한 가지는 부담이 아주 작은 것부터 단계를 밟아 부담이 큰 쪽으로 서서히 익숙해지는 방법이다. 이것을 '단계적 노출'이라고 한다. 다른 한 가지는 실제 느끼는 부담보다 조금 강한 부담을 떠안음으로써 감수성의 한계 설정을 단숨에 바꿔 버리는 방법이다.

예컨대, 수학을 못하고 싫어하는 중학생에게 초등 수학으로 돌아가 기초부터 차근차근 단계적으로 공부하면서 수학에 대한 재미를 맛보게 해 '수학은 어렵다'는 인식을 옅어지게 만드는 것이 단계적 노출이다.

그러나 아이에 따라서는 낮은 수준의 내용을 공부하면 오히려 의욕이 떨어지거나 도중에 포기할 수도 있다. 이런 경우에는 지금 수준보다 다소 어려운 것을 배우게 해 자신감을 높여 줌으로써 수학에 대한 패자의식을 없앤다.

전자가 정통적인 방법으로, 시간이 오래 걸리지만 성공률이 높고 무난하다. 그러나 후자의 방법이 효과적인 경우도 있다.

예컨대 빈뇨를 개선하는 방법으로 소변을 참는 훈련을 하는 것이다. 이제껏 30분마다 화장실에 갔다면 조금씩 시간 간격을 늘리는 게 아니라, 3시간 동안 화장실에 가는 걸 참는다. 그러면 방광이 크게 확장되어 이후 다소 소변을 참아도 과민하게 요의를 느끼지 않는다. 이럴 때는 조금씩 서서히 개선하기보다 단번에 개선한다. 화장실 가는 시간 간격을 조금씩 늘리는 방법은 오히려 효과가 약하다.

엘리스가 공원에서 낯선 여성에게 말을 건네는 과제는 어느 측면에서 보면 사람들 앞에서 강연하거나 발표하는 것보다 부담이 크다고 할 수 있다.

엘리스는 자신에게 강한 부담을 부과함으로써 그보다 비

교적 부담이 적은 사람들 앞에서 말하는 것쯤은 아무것도 아니라고 생각하게 되었을 것이다. 그와 같은 적극적인 방법으로 극적인 개선 효과를 얻었던 것이다.

물론 부담이 큰 만큼 좌절할 위험도 크다. 그런 까닭에 실제로 실행하면 얼마든지 극복할 수 있다는 걸 잘 알면서도 흉내조차 내지 못하는 사람이 많다.

노출 일람표를 작성한다

이제 노출의 구체적인 방법에 대해 살펴보자.

당신이 피하고 싶은 상황을 강한 것부터 약한 것 순서로 배열한 일람표를 만든다. 이것은 노출 치료를 진행할 때 단계적으로 조금씩 수위를 높여 가는 방법과 같다.

129쪽의 사례를 참고로 자신에게 맞는 일람표를 작성해 보자. '공포도'는 공포감을 느끼는 정도를 0~100의 수치로 표시하는 것이다.

이 사례에서는 일상생활이나 평소 사회생활에서 느끼는

순서	구체적인 행동	공포도
1	큰 행사에서 연설한다	100
2	임원 앞에서 발표한다	90
3	고객 앞에서 발표한다	70
4	회의에서 발언한다	50
5	회의에 출석한다	45
6	처음 만나는 고객과 면담한다	40
7	고객과 전화통화를 한다	30
8	동료와 점심을 먹는다	20
9	동료와 수다를 떤다	15
10	가족과 외식한다	10

공포는 그리 높지 않지만 사람들 앞에서 연설하거나 발표해야 하는 특정 행동에서 심한 불안이나 긴장을 보이는 성과 한정형 사교불안장애라는 것을 알 수 있다.

각 항목의 평가에 큰 차이가 벌어지지 않도록 가능한 한 공포도 중간 정도의 행동을 풍성하게 작성하는 것이 중요하다.

또 이 표처럼 공포도 40 미만이 많아도 실제 훈련에서는 좀처럼 활용할 수 없다. 공포도 40 미만은 다소 긴장하지만 큰 어려움 없이 해낼 수 있는 것이라서 패자의식을 극복하는 훈련으로는 적합하지 않기 때문이다.

일단 리스트를 작성하면 40 이상의 것이 풍성하도록 하는 것이 좋다.

노출을 디자인한다

잘할 수 없다는 패자의식으로 어렵게만 느껴지는 일의 목록을 작성해 본다. 그런 다음 힘든 일이지만 노력하면 그럭저럭 해낼 수 있는 것을 골라 반복적으로 실행에 옮긴다.

노출하는 데 너무 어렵거나 너무 간단한 것만 있고 중간 난이도의 것이 적다면 중간 정도의 노출 행동이 많도록 디자인한다.

예컨대 129쪽의 표에서 보면 '회의에서 발언한다'와 '고객 앞에서 발표한다' 사이에 갑자기 20이 벌어지는데, '회의에서 발언한다'는 그다지 연습이 될 수 없고, '고객 앞에서 발표한다'는 돌연 장벽이 높아져 연습할 수 없다.

따라서 그보다 조금 장벽이 낮은 일주일에 두세 번 정도 할 수 있는 행동을 찾아야 하는 것이다. 이 경우에는 '가족 앞에서 발표한다'나 '동료나 카운슬러 앞에서 발표한다'가 중간 정도의 노출 연습이 될 것이다.

노출 빈도가 어느 정도 높은 게 효과적이다. 일주일에 두세 번 이상 실행하면 좀 더 큰 효과를 볼 수 있다.

가족, 상담사, 동료 앞에서 한 번씩만 예행연습을 해도 세 차례나 되므로 꽤 효과적이다. 또 회의장이나 회의실에서 미리 청중 없이 예행연습을 하면 그 장소에 익숙해져 진짜 발표하는 상황에서 긴장감이 크게 낮아진다.

발표할 기회가 한 달에 한 번이라면 오히려 긴장하지만, 그 빈도가 일주일에 세 번 정도라면 민감소실이 일어나 힘들지 않게 해낼 수 있다.

노출치료의 실천과 구체적인 사례

그렇다면 서둘러 노출치료를 실천해 보자. 당신이 노력하면 70퍼센트의 확률로 할 수 있는 행동을 최대한 구체적으로 정한다. 그런 다음 그 행동을 일주일에 두세 번 실행한다.

한 차례 행동하는 데 걸리는 시간이 어느 정도 길어야 효과적이고 고통도 줄어든다. 최소 30분, 가능하면 1~2시간 그 장소에 계속 머물면서 그 행동에 집중한다.

매번 행동하기 전에 자신이 느끼는 공포도와 행동이 끝난 뒤에 느끼는 공포도를 수치로 기록한다.

노출치료로 사용하는 행동 사례를 들어 보자.

연설이나 발표가 서툰 경우

- 방에 들어갈 때 큰 소리로 인사한다.
- 회의에서 한 번 이상 발언 혹은 질문한다. 발언할 때는 일어서서 해 최대한 눈에 띄도록 한다.
- 다른 사람이 발표할 때 반드시 한 번은 질문한다.
- 친구나 가족과 노래방에 가서 큰 소리로 노래 부른다.

- 친구나 가족과 노래방에 가서 독백이 있는 노래를 열창한다.
- 노래방에서 연설을 연습한다.
- 가족 앞에서 발표나 연설을 연습한다.
- 회의실에서 부하직원을 상대로 발표 예행연습을 한다.
- 낭독이나 연극 동호회에 가입하고 정기적으로 연습하러 간다.
- 발표할 기회를 의도적으로 늘린다.

말하기나 회식 자리가 어려운 경우

- 동료에게 하루에 한 번 이상 말을 건넨다.
- 동료에게 하루에 세 번 이상 말을 건네고 잡담을 한다.
- 동료와 잡담을 나눌 때 가능한 한 맞장구치고 웃는다.
- 동료가 흥미로워할 것 같은 질문을 한다.
- 혼잡한 레스토랑에서 식사한다.
- 매일 동료와 점심을 한다. 동료가 점심을 먹는 테이블에 합석한다.
- 동료나 친구에게 차나 식사를 제안한다.

특정 장소에 저항감이 심한 경우

- 집에서 가까운 역 부근 카페에 가서 1~2시간 보낸다.

- 가까운 역 중간쯤에 있는 카페에 가서 1~2시간 보낸다.

- 가까운 도서관에 가서 1~2시간 보낸다.

- 학생 아르바이트생이 많은 가게에서 아르바이트를 한다.

- 다른 학교 근처까지 가서 1~2시간 보낸다.

- 학교 도서관이나 별실에서 1~2시간 보낸다.

이성이 있으면 긴장하는 경우

- 이성의 카운슬러에게 상담받는다.

- 이성의 선생님에게 영어 회화를 배운다.

- 바나 호프집에서 술은 마시지 말고 이성의 직원에게 인사를 건넨다.

단계적 노출을 연습한다

위의 예를 참고로 해서 도움이 될 만한 행동을 리스트로 작성하고 일람표를 만들어 본다. 그 일람표에 근거해 달성할 수 있는 것부터 도전한다.

타깃이 되는 행동을 구체적으로 적고 일주일에 두세 번 목표로 그 행동을 실천해 보자.

[타깃이 되는 행동]

_____

_____

그 행동을 할 수 없게 되었을 때 대신할 행동을 정하고 그것을 반드시 실행한다.

[대체 행동]

_____

_____

대체 행동

- 집에서 설거지와 화장실 청소, 빨래를 한다.
- 게임이나 스마트폰, 인터넷을 하루 금지한다.

- 잠자기 전에 마시던 와인 한 잔을 하루 금지한다.

- 스쿼트나 복근운동을 3분씩 5세트 한다.

- 《반야심경》 또는 《성경》을 세 번 옮겨 적는다.

- 프로그램에서 노력해 온 것들을 적는다.

- 집 유리창을 닦는다.

- 영어 공부를 2시간 한다.

- 1시간 동안 걷는다.

실천한 기록

목표 행동을 실천하고 기록한다. 실천하려고 했을 때 밀려온 불안이나 도망치고 싶다는 저항감을 이겨 내고 뛰어넘은 생각을 기록한다. 기록 빈도가 잦을수록 효과적이다.

일자	실천 상황	저항하는 생각 / 극복하는 생각	공포도
1회째 /			시작 전 (/ 100) 종료 후 (/ 100)

2회째 /			시작 전 (/ 100) 종료 후 (/ 100)
3회째 /			시작 전 (/ 100) 종료 후 (/ 100)
4회째 /			시작 전 (/ 100) 종료 후 (/ 100)

7

받아들이기

모리타 마사타케의 실제 체험과 깨달음

이 장에서는 대인긴장이나 불안을 개선하는 데 효과적인 모리타 치료의 사고방식과 실천에 대해 배워 보자. 모리타 치료는 정신과 의사인 모리타 마사타케森田正馬가 개발해 독자적으로 발전해 온 정신치료법이다.

모리타도 불안신경증으로 어려움을 겪었다. 그는 장애를 스스로 극복해 나가면서 회복을 위한 한 가지 방법에 이르렀다.

먼저, 모리타의 체험부터 살펴보자.

모리타는 태어날 때부터 신경질적인 데가 있었고 심장

신경증(오늘날 진단병으로는 공황장애)으로 고통받은 경험도 있었다.

의학부 학생 시절에는 심장이 심하게 두근거리는 게 신경 쓰여 도저히 공부할 수 없는 시기도 있었다. 중요한 시험을 앞두고 있는데, 생활비 입금이 늦어져 도저히 생활을 견딜 수 없는 위태로운 상황에 내몰리기도 했다.

막다른 곳에 내몰린 모리타는 '이렇게 된 이상 죽기를 각오하고 해보자'며 마음을 다잡고 가슴이 두근거려 고통스럽든 말든 개의치 않고 시험 공부에 매달렸다. 그렇게 해서 시험을 치르고 문득 정신을 차려 보니 어느새 심장신경증이 좋아져 있었다.

그는 이 같은 체험에서 신경증을 고치는 비결은 증상에 대한 생각 같은 것을 옆으로 미뤄 두고 자신이 해야 할 일에 집중하는 것이라는 사실을 깨달았다.

모리타는 정신과 의사가 되어 자신의 체험을 치료에 활용했다. 그리고 오랜 세월 신경증으로 고통받아 온 환자들 가운데 현저하게 효과를 보이는 경우가 늘어나자 그 유효성을 더욱 확신하게 되었다.

모리타는 공황장애나 사교불안장애로 학업이나 회사를 쉬고 요양하는 환자를 만날 때마다 "증상을 핑계로 자기가 해야 할 일을 피해서는 결코 회복될 수 없다"고 말했다. 증상을 핑계로 시험을 치를 수 없다고 말하는 환자에게는 치료해 줄 수 없다고 말하기도 했다.

모리타는 능숙하지 못해 어려움을 겪는 상황에 오히려 뛰어들라고 말했다. 불안을 어떻게든 해소하려 하는 것이 아니라, 눈앞에 있는 일에 주의를 집중하는 것이다. 그는 그 것을 '공포극복'이라고 일컬었다.

모리타의 가르침을 행동으로 옮기는 것은 결코 쉽지 않지만, 용기를 내어 그의 가르침에 따른 사람은 실제로 놀라운 회복을 보였다.

회피가 증상의 회복을 방해한다는 사실을 알게 된 모리타는, 회피하면 회복에 이르는 길이 더 멀어진다고 강조하며 용기를 북돋움으로써 환자들이 실제로 회복에 이르게 했다.

카를 융의 경우

정신의학자인 카를 융도 어린 시절 똑같은 체험을 했다. 융은 조금 더 까다로운 증상으로, 간질 발작을 일으켰다. 수학에 약했던 융은 김나지움(유럽의 중등교육기관)에서 성적 부진으로 주변 사람들에게 멍청이라는 놀림을 받고 괴롭힘을 당했다.

그러던 어느 날 간질 발작이 일어나 학교에도 다니지 못하게 되었다. 당시 간질은 치료하기 어려운 질환이었다.

어느 날 우연히 융은 아버지가 의사인 친구와 나누는 이야기를 들었다. 아버지는 친구에게 아들의 상태에 대해 "이대로 평생 회복하지 못하겠지. 아이가 가여워 죽겠어"라며 한탄했다.

그 말을 들은 융은 자신이 얼마나 중대한 병에 걸렸는지 깨닫고 매우 놀랐다. 그와 동시에 이대로 침대에 누워만 있을 때가 아니라는 생각에 심기일전했다. 어쩌면 융은 어렴풋이 그 병이 자신의 마음에서 생긴 것임을 알고 있었는지도 모른다.

그 후 융은 마음을 다잡고 공부에 매달렸다. 그러자 거부라도 하듯 발작이 일어났고 결국 경련으로 쓰러졌다. 하지만 그는 곧 다시 일어나서 공부를 계속했다. 그 후에도 두세 번 발작이 찾아왔지만 공부를 계속했더니 더는 발작이 일어나지 않았다.

융은 다시 김나지움에 다니면서 열심히 공부한 덕분에 성적도 올랐고 의학부에도 진학할 수 있었다.

증상을 극복하기 위해 융이 선택한 방법과 모리타가 실천한 방법은 놀랄 만큼 비슷하다. 아니, 본질적으로는 같다. 회피하지 않고 죽을 각오로 맞선 것이다.

여기서 핵심은 스스로 결단을 내리고 죽을 각오로 그동안 도망쳤던 것과 맞서는 것이다. 하지만 억지로 하거나 강요에 의해서 한다면 똑같이 하더라도 끝내 극복하지 못할 것이다.

그런 의미에서 보면 막바지에 몰린 상황이 기회가 되기도 한다. 회피해 봤자 소용없다는 생각에 죽을 각오로 맞서면 상황을 극복할 수도 있다.

모리타나 융의 체험에서 무엇을 느꼈나요? 또 그
들의 경험이 당신의 회복에 힘이 되어 줄 것 같은 점이 있나요?

모리타는 그 후 자신의 이론을 정립해 '모리타 치료법'을
확립했다. 모든 경우에 유효한 것은 아니지만, 사교불안장
애를 포함한 불안장애에는 매우 효과가 있다.

이 치료법은 증상을 없애거나 치료하는 것이 아니라, '해
야만 하는 일을 하는 것'이다.

그러나 많은 환자가 여러 불안이나 강박사고로 인해, 해
야 할 중요한 일을 하고 싶어도 도저히 그렇게 할 수 없다
고 느낀다.

이런 상황에 대해 모리타는 어쩔 수 없는 증상은 일단 받
아들이고 거기에 거스르기보다는 내버려 두라고 말한다. 증
상을 없애려 하지 말고 그저 자연스러운 일로 받아들이라
는 것이다.

저항하지 않는다는 것은 자연 현상에 순순히 따르는 것

이다. 비가 내리든 천둥, 번개가 치든 그저 자연 현상으로 받아들이고 그것을 해결하려 하지 않는다.

모리타는 거기서 한 걸음 더 나아가 자신의 '마음의 작용'을 관찰하고 큰 관점에서 볼 수 있으면 증상에 사로잡히는 데서 벗어날 수 있다고 말한다.

이들 사고방식은 선禪과도 통한다. 모리타는 선의 가르침에도 정통했다. 최근 유행하는 '마음 챙김'과 같은 사고법으로, 모리타는 선에나 있을 법한 사고법을 치료에 도입한 선구자였다.

모리타는 자신의 증상이 아닌 해야만 하는 일에 주목하고 행동하는 것을 중시했다. 그것이야말로 불안 증상에서 벗어나는 비결임을 직접 체험했기 때문이다.

이러한 사고법을 수용전념치료Acceptance and Commitment Theraphy, ACT라고 하는데, 마음 챙김과 인지행동치료를 조합한 치료법에도 적용하고 있다. ACT도 증상이나 자신이 고통받는 사실을 있는 그대로 받아들이는 한편, 자신이 어떻게 되고 싶은지, 자신이 무엇을 목적으로 하는지 명확히 하고 그것을 향해 노력함으로써 회복을 꾀한다.

사교불안장애로 긴장했든 몸이 굳었든 손이나 목소리가 떨리든 울렁증으로 토할 것 같든 배가 아프든, 일단 옆으로 미뤄 둔 채 자신이 해야만 하는 일에 집중한다. 사람들 앞에서 말해야 하는 상황이라면 전해야 하는 메시지에 주의를 집중한다.

ACT 프로그램도 그러한 사고법을 적용해 개선하도록 힘을 쏟을 수 있다.

> **생각해 보자** 모리타 치료법이나 ACT 법에 대해 무엇을 느꼈나요?

_____

_____

역설적 치료의 연습

모리타가 때때로 이용한 치료 기법 중 하나가 '역설적 치료'다. 신경증 환자가 사로잡혀 있는 것을 역이용하는 방법이다. 사람에 따라서는 뚜렷한 효과를 보여 10년 넘게 고통을 주었던 증상이 단 한 차례의 진찰로 완치된 사례도 여럿 있다.

이것은 정신과 의사 빅터 프랭클이 아우슈비츠 강제수용소에서 생존을 위해 자주 사용했던 방법이기도 하다.

그 방법이란 자신이 두려워하는 증상이 좀 더 빈번하게, 좀 더 강하게 나타나도록 '의무화'하는 것이다.

예컨대 문단속을 대여섯 번 확인하지 않으면 마음이 놓이지 않는 환자에게는 반드시 20번 확인할 것을 지시하고 지키도록 한다. 통상적인 행동치료와 정반대 과제를 부과하는 것이다.

공황장애나 신경성 위경련으로 고통받는 사람에게는 병세를 관찰할 필요가 있으니 그 증상을 지금 당장 일으켜 보라고 말한다.

그러면 참으로 기묘한 일이 일어난다. 불안이나 발작이 일어나서는 안 된다고 생각하는 동안에는 그렇게 되는 게 두려워 견딜 수 없거나, 지금이라도 일어나지 않을까 전전긍긍했는데, '두려움을 느껴 봐라', '발작을 일으켜 봐라' 부탁을 받으면 오히려 그 강박 행동이 어리석어 보여 더는 하려는 마음도 생기지 않고, 두려웠던 발작도 더는 일어나지 않는다.

사교불안장애가 있는 사람에게는 극심한 긴장으로 온몸이 얼어붙은 모습을 보여 달라고 부탁하면서 어떤 문장을 연설하듯 읽어 보라고 요구한다. 그때 "좀 더 긴장해 보세요"라거나 "손을 좀 더 떨어 보세요", "얼굴을 좀 더 붉혀 주세요"라고 추가 지시를 한다. 그렇게 긴장을 조금씩 높여 가면서 계속 '좀 더 긴장할' 것을 지시한다. 긴장하는 모습이 과장되게 표현되면 "꽤 괜찮네요", "바로 그거예요"라고 반응해 준다.

끝난 뒤에는 "어땠어요? 꽤 긴장했나요?"라며 어떤 느낌이었는지 묻는다.

그러고는 "다시 할까요? 이번에는 평소처럼 부탁해요"라고 말한 뒤 다시 문장을 보면서 연설하게 한다.

끝난 뒤에는 또다시 감상을 묻는다.

"긴장했든 손이나 목소리가 떨리든 그런 건 아무래도 좋아요. 중요한 것은 당신이 말하고자 하는 메시지를 진심을 담아 사람들에게 전하는 거예요. 그것에만 집중하세요."

그런 다음 "자, 마지막으로, 마음을 담아서 전해 보세요"
라고 지시하고 문장을 보면서 연설하게 한다.

8

빈 종이보다
오답이 낫다

도전에 실패는 뒤따르는 법이다

이 장에서는 인지행동치료나 ACT 기법을 이용해, 도전이 두려워 회피하려는 마음을 뒤흔들어 놓는다. 회피에서 도전으로 전환하는 과정의 고비라고 할 수 있다.

어떤 도전이든 반드시 성공이 약속되어 있지는 않다. 회피가 심한 사람은 실패나 거부반응에 민감하고 겁이 많다. 실패하는 것 아닐까? 거부당하는 것 아닐까? 이런 생각만으로도 행동에 제동이 걸린다.

실패하거나 거부당할 가능성은 도전 난이도에 따라 제각기 다르다. 예컨대, 타인에게 부탁하는 것 중에서도 길을 묻거나 시험 범위를 묻는 정도는 거부당할 가능성이 매우 낮다. 물론 인상을 잔뜩 찌푸리고 있어 말을 걸기가 쉽지 않거나 작은 부탁도 선뜻 받아주지 않는 사람이 없지는 않지만 말이다.

그러나 데이트 신청이나 돈을 빌려 달라는 부탁은 거부당할 가능성이 매우 높다.

사교불안장애가 있는 사람은 어려운 일로 실패한 경험이 있기에, 간단한 일도 생각처럼 잘되지 않을 거라고 비관적으로 생각하는 경향이 있다.

그럼에도 어려운 일에 재도전해 거듭 실패를 겪는 유형도 많다.

도전 과정에서 실패하는 것은 당연하다. 하지만 그 악순환을 바로잡기 위해서는 먼저 '쉬운 도전으로 시작해 성공 확률을 높여 그것에 익숙해지고, 기량을 키우고 자신감을 회복하고 나면 점차 어려운 도전을 해낼 수 있다'는 원리를 머릿속에 담아 두는 게 중요하다.

반대로, 어렵고 익숙하지 않은 것에 도전하는 경우에는 다소 실패가 따르기 마련이니 어쩔 수 없다며 체념한다. 실패해도 어쩔 수 없는 일이고 익숙하지 않은 일이기 때문이라며 실패를 당연하게 받아들이는 것이다.

그보다 중요한 것은 자신이 하려던 일에 온 힘을 다하는 것이다. 지금은 훈련하는 과정이므로, 실패도 훈련의 일환으로 받아들인다. 절대 실패해서는 안 된다는 생각에 사로잡히는 것이 아니라, 실수하면서도 마지막까지 해내는 게 중요하다고 생각하는 것이다.

겉모습이나 형식보다 성의나 내용으로 승부한다

도전 과정에서 실패는 따르게 마련이다. 또한 어렵고 익숙하지 않은 도전에 매달릴수록 실패 가능성이 높아지는 것은 당연하다. 그런데 사교불안장애가 있는 사람은 자신에게 완벽한 성과를 요구한다. 그렇지 않으면 모두 부끄러운 실패라고 여겨 절대 안 되는 일로 생각한다. 그러고는 꽤 어려운 과제를 자신에게 부과한다.

그러나 중요한 건 '나는 아나운서도 언변이 뛰어난 언어의 마술사도 아니니 얼어붙거나 말문이 막히는 건 자연스러운 일이다. 조그만 실수는 그리 중요하지 않다. 중요한 것은 성실하게 나의 임무를 수행하는 것'이라고 마음속으로 되새기는 것이다.

재도전하는 것에 저항하는 마음과 맞선다

불안 증상을 회복하는 데 저항감을 느끼고 스스로 제동을 걸기도 한다. 본격적으로 도전하지 않고 중요한 시점에서 도망치거나 과제에도 소극적으로 대처한다. 이러한 마음의 저항이 생기는 데는 다음과 같은 배경이 있다.

① 창피당하거나 실패하는 게 두렵다

창피당하거나 실패하는 것, 상처받거나 체면이 깎이는 것에 두려움을 느껴, 머릿속으로는 행동하려고 해도 실제로는 옴짝달싹할 수 없다. 여기에는 ②에서 말하는 트라우마가 관계하기도 한다.

자기 자신에게 너무 높은 목표를 부과해 놓고 해낼 수 없다며 자신감을 상실하는 경우도 있다.

실패에 대한 두려움은 어차피 해봤자 안 될 것이라는 확신의 또 다른 표현이다.

② 트라우마를 극복할 수 없다

실패 체험이 강한 트라우마가 되어 도전을 어렵게 만든다. 도전 생각만 해도 불안감이 몰려와 안절부절못한다. 머리로는 도전이 필요하다는 걸 잘 알지만 몸이 저항해 꼼짝할 수 없다.

③ 완벽주의로 인한 높은 장벽

높은 목표나 이상적인 자신에게 집착해 현실적으로 그것을 해내는 것에 큰 부담을 느낀다. 그러고는 그것만으로도 기력을 소진해 버려 도전을 지속하기 어렵다.

④ 아이덴티티와의 마찰

도전 자체에서 어떤 의미나 가치를 느끼지 못해 도전과

주체적인 의지 사이에서 마찰이 생긴다. 예컨대 사실은 하고 싶은 일이 따로 있는데 흥미도 관심도 없는 일에 노력하라고 요구받아 본심과의 사이에 틈이 벌어진다.

⑤ 질병으로 인한 이득에 안주

회복했어도 마음 한구석에 '힘든 일을 하게 되었을 뿐'이라는 불만이 있어, 진심으로 자신이 회복하기를 바라지 않고 현재 상황에 머물려 한다. 그 상황에서 벗어나려면 강한 결의가 필요하다.

도전에 저항하는 마음과 마주한다

도전하고 싶지만 한편으로는 두려워서 실행할 수 없다, 해봤자 어차피 실패할 것이다, 안 좋은 경험을 하게 될 뿐이다, 사실 전혀 하고 싶지 않다, 이대로도 충분하다 등등 자신의 감정을 둔화시키려는 핑곗거리가 마음속에서 소용돌이친다.

대부분 사실이 아닌 근거 없는 선입견이나 두려움에 지나지 않지만, 공포심이라는 강한 감정과 뒤얽혀 있어 '도전하지 않는다'는 선택을 하며 계속 회피한다. 진짜 적은 자신의 마음속에 있는 것이다.

여기서는 이 도전에 저항하는 마음의 장벽을 뛰어넘는 것이 큰 과제다.

생각해 보자 ▶ 당신이 도전을 회피할 때 도전을 가로막는 감정이나 두려워하는 사태는 어떤 건가요? 실패하는 건가요? 창피당하는 건가요? 상황이 나빠지는 건가요? 자신의 본심과 달라서인가요? 힘든 일을 하기 싫어서인가요? 그것에 대해 모두 적어 보세요.

———————————————————————

———————————————————————

① 인지적 재구성 연습

자신이 두려워하는 사태가 지금껏 살아오는 동안 몇 번이나 있었을까? 또 실제로 그런 일이 일어났다면 그것이 되돌릴 수 없을 만큼 큰 손실을 가져왔을까? 도전을 피함으로써 입을 손실과 비교해 보자.

―――――――――――――――――――――――――

―――――――――――――――――――――――――

일 잘하는 사람은 한 번도 실패한 적이 없을까? 실패가 무서워서 도전하길 회피한다면 잘 될까? 잘 되지 않는다는 건 나쁜 걸까? 실패가 두려워서 도전하길 피하는 게 현명한 선택이라고 할 수 있을까?

―――――――――――――――――――――――――

―――――――――――――――――――――――――

사람들 앞에서 창피당하는 게 그토록 무서운 일인가? 당당히 실패하고 웃음거리가 되는 것과 웃음거리가 되는 게 두려워서 도전하지 않는 것 중 어느 쪽이 더 부끄러울까? 당신은 사람들 앞에서 창피당하지 않거나 상처받지 않으면 그것으로 될까? 사람들의 웃음거리가 되지 않고 상처받지 않는 게 당신답게 살아가는 것보다 중요할까? 사람들의 웃음거리가 되지 않는 게 당신답게 살아가는 것인가?

_____

_____

당신이 두려워하는 것은 무엇인가? 도전을 피하면 자존심이나 명예가 다치지 않는 걸까? 가장 중요한 게 상처받지 않는 것인가? 좀 더 중요한 것을 잃는 건 아닐까? 당신에게 가장 중요한 것은 무엇인가?

_____

_____

그렇다면 왜 당신은 그것을 선택했는가? 다른 것을 선택할 수는 없었는가? 다른 선택지로는 어떤 것이 있었는가?

_____

_____

이와 같은 질문들을 해보자. 그러면 자신의 선입견이나 고정관념을 깨닫고 그것을 수정해 나갈 수 있을 것이다.

② 공포의 주문을 없애는 연습

당신의 도전을 방해하는 것 중에서 가장 두려운 것을 한 가지 고른다. 그런 다음 '나는 사람들 앞에서 실수를 저질러 창피당하는 것이 두렵다'와 같이 하나의 문장으로 정리한다. 그러고는 그 문장을 소리 내어 20번 정도 되풀이해서 읽는다.

처음에는 목소리가 작아도 상관없지만, 힘 있고 강하게 목소리를 낼수록 당신을 사로잡고 있는 공포의 주문이 약해진다.

당신의 고민을 들어 주고 도와주는 사람이 곁에 있다면 소리 내어 문장을 읽을 때 '옳지', '그렇고말고'라는 추임새로 응원을 부탁하자.

---

③ 독으로 독을 없애는 연습

당신이 앞서 말한 사태보다 더 나쁜 최악의 사태로는 어떤 것이 있을지 생각해 보자. 피하고 싶어도 도저히 피할 수 없는 최악의 사태를 한두 가지 적어 보자.

예컨대 '암 선고를 받고 수술한 후 항암치료를 받지 않으면 죽는다', '다리를 절단하지 않으면 온몸이 썩어서 죽게 된다' 등등.

_____

_____

지금 여기서 말한 최악의 사태와 당신이 도전해야 하는 것 중 하나를 선택해야 한다면 어느 쪽을 택할 것인가? 어느 쪽이 더 편안하고 행복한 선택지일까?

당신이 지금 내린 결론을 '~하는 것에 비하면 ~하는 것이 훨씬 편안하고 행복한 일이다'라는 문장으로 정리해 보자. 그런 다음 그 문장을 소리 내어 10번 반복한다.

④ 미래로 날아가는 연습

지금처럼 계속 도전을 회피하면서 3년 정도 지났을 때, 당신이 과연 어떤 모습일지 상상해 보자. 또 10년이 지났을 때의 모습도 상상해 보자. 당신은 그 상황을 어떻게 받아들일 수 있을까?

_____

_____

이제까지 당신이 두려워했던 것보다 더 무서워해야 하는 일이 무엇인지 눈치챘는가? 만일 알아차린 것이 있다면 그것을 여기에 적어 보자.

_____

_____

지금 마음 상태에서 '10년 뒤에도 ~하고 있는 건 싫다. 나는 ~하고 싶다(~가 되고 싶다)'라는 문장으로 정리해 그것을 큰 소리로 5번 반복해서 읽는다. 협력자가 있다면 복창하거나 추임새를 넣어 응원해 달라고 부탁하자.

⑤ 타인의 시점에서 보는 연습

친구가 도전을 회피하며 살아가고 있다. 그 친구가 당신에게 "나는 어쩌면 좋을까?"라며 조언을 구한다면 어떤 말을 해주는 것이 좋을까?

_____

_____

　실패에 대한 두려움에 사로잡혀 행동하지 못할 때는 눈 앞에 놓인 것밖에 보지 못한다. 사물을 좀 더 큰 시점에서 보면 진짜 중요한 게 무엇인지, 그리고 자신이 작은 일에 너무 매달려 있다는 사실을 깨닫게 된다.

9

공황을 대하는 법

사교불안장애를 비롯해 대개의 불안장애나 회피를 동반한 상황을 극복하려고 할 때, '공황'이라는 생리적 파국이 공포에 항거할 수 없게 만들어 상황을 더 어렵게 한다. 공황에 어떻게 대처하느냐가 불안을 통제하는 데 매우 중요하다. 이 장에서는 공황에 대처하는 방법에 대해 알아보자.

공황이 일어나는 메커니즘

　모리타나 융의 사례에서도 알 수 있듯이, 불안장애나 해리성 장애 같은 신경증의 경우, 공통의 메커니즘이 병에서 벗어나는 걸 어렵게 만든다. 그 가운데 한 가지 증상으로 인해 활동에 방해받을 뿐 아니라 '증상이 나타난다'는 두려움으로 본래 해야 하는 활동을 포기하며 이 증상이 좋아질 때까지 자신은 아무것도 할 수 없다고 확신한다.

실제로 회복을 위해 필요한 건 증상과 상관없이 자신이 해야 하는 행동을 하는 것이다. 나타나는 증상에만 신경 쓰면 회복에서 멀어진다. 오히려 증상에 관심을 갖지 않는 것이 방법이다.

물론 말로는 간단하지만, 실제로 증상에 무관심하기란 쉽지 않다. 왜 그럴까? 그것은 증상 자체의 공포에 불안이 가중되어 공황에 빠지면, 냉정한 판단을 내리거나 대처하기가 힘들어지기 때문이다.

공황장애나 사교불안장애를 극복하기 어려운 이유는 그것이 통제 불가능하다는 생각에서 오는 불안이나 공포에 압도당해 이성이 어딘가로 날아가 버리기 때문이다.

불안감이 심해 숨쉬기조차 힘들고 가슴이 두근거리고 식은땀을 흘리고 울렁증으로 토할 것 같은 참을 수 없는 고통을 느낄 때는 아무것도 못한 채 그저 공포에 사로잡힌다. 너무 긴장해서 손이 떨리고, 얼굴이 빨갛게 달아오르는 등 볼썽사나운 모습을 사람들 앞에서 보이면 그저 망연자실해질 수밖에 없다.

공황에 대한 공포는 '스스로 자신의 상태를 통제할 수 없다'는 생각에서 비롯된다. 그렇다 보니 파국을 향해 멈추지 않고 폭주하는 것을 어쩔 수 없다고 여긴다.

> **생각해 보자** 공황 상태에 빠진 적이 있나요? 그때 어떤 상황이
> 벌어졌나요?
>
> _____
>
> _____

재앙적 사고와 좁아진 시야

자제력을 잃고 파국을 향해 폭주하는 것처럼 느끼는 것이 공황이다. 공황 상태가 되기 쉬운 사람은 특유의 사고 패턴이 있는데, 그것을 '재앙적 사고'라고 한다.

재앙적 사고란 지극히 작고 나쁜 징후를 최악의 사태인 양 받아들이고 '더는 안 된다'며 절망적인 결론에 빠지는 것이다. 사소한 징후를 극단적으로 나쁘게 해석해 자기 자신을 궁지에 몰아넣는다.

예컨대 과거 몸이 안 좋거나 실수했을 때와 조금 비슷한 상황만 생겨도 다시 힘겨운 일을 겪을 것이라며 초조해하고, 실제로 신체 변화가 발생해 실수를 불러온다. 심장이 두근거리고 가슴이 답답해 숨을 쉬기 어려운 사소한 징후를 자신이 통제할 수 없다고 느끼면, 극도의 불안으로 과호흡이 되어 진짜로 발작을 일으킨다.

신체나 자율신경은 스트레스뿐 아니라 운동이나 주위 환경에 의해서도 변한다. 심박 수나 호흡이 어떤 요인으로 빨라지기도 한다. 물론 긴장하거나 대처하기 힘든 상황에서도 그 같은 반응이 일어난다.

그러나 평소에는 심박 수나 호흡 수가 증가해도 공황에 빠지지 않는데, 과민한 사람은 그런 자율신경계의 변화를 자신을 통제할 수 없는 신호로 착각한다.

재앙적인 사고에 빠질 때는 심리적인 시야가 좁아지는

사람들 앞에 서는 게 두려워요

'터널시야'를 동반한다. 조금 넓은 시점으로 보면 그리 골똘히 생각할 필요도 없다는 걸 알지만, 시야가 좁아지고 나쁜 것만 보여 절망에 빠져선 '더는 안 된다'며 좌절한다.

여기서 재앙적인 사고로 치닫지 않으려면 의식적으로 상황을 넓은 시야로 바라봐야 한다.

생각해 보자 ▶ 재앙적인 사고에 빠져 사태를 악화시킨 적은 없나요? 그 상황에 대해 적어 보세요.

_____

_____

공황에 대한 대처-통제감을 회복한다

그렇다면 어떻게 해야 공황 상태에서 벗어날 수 있을까? 그 답은 '통제감을 회복하는' 것이다. 예컨대 눈곱만큼이라도 '통제할 수 있다'는 감각을 회복하면 상황이 180도 달라진다.

공황이란 대처할 수 없는 사태에 대한 과잉반응이다. 사람은 누구나 대처할 수 없는 일과 때때로 마주치는데, 그냥 내버려 두면 그리 문제 될 것이 없다. 그런데 지금 당장 어떻게든 해결하지 않으면 큰일이라는 식의 과잉반응이 보태지면 견딜 수 없이 불안해져 괜한 고통을 겪는다.

통제감을 회복하는 것은 과잉반응의 악순환을 멈추는 것이기도 하다.

그러나 과잉반응하지 말라고 해도 견딜 수 없이 불안한 상황에서는 좀처럼 실행에 옮길 수 없다. 따라서 사전에 구체적인 행동을 정해 두면 실제로 실행하기 쉽다.

① 넓은 시야로 주위를 살핀다

과잉반응을 멈추고 통제감을 회복하는 효과적인 방법 중 한 가지는 시야를 넓히는 것이다. 시야를 넓힌다는 것은 주위를 잘 살핀다는 의미다.

얼굴을 들어 천천히 주위를 둘러본다. 눈을 움직여 의식적으로 찬찬히 상대의 반응이나 주위 상황을 관찰하면서 행동하면 냉정함을 유지할 수 있다.

반대로, 나쁜 반응은 지금의 고통이나 불안에만 주의가 쏠려 주위를 제대로 보지 못하게 만든다.

냉정함을 유지하는 비결은 주위 상황을 객관적으로 보는 것이다. 그렇게 하려면 자신의 반응이 아닌 주위로 시선을 돌려야 한다.

사교불안장애가 있는 사람은 타인이 '자신을 어떻게 생각하는가' 하는 평가에 몹시 민감하다. 온몸으로 자신의 일거수일투족을 좇는 타인의 시선을 느끼고, 그 시선이 마치 끈끈이 실처럼 자신을 옭아맨다고 인식해, 자연스럽게 움직일 수 없고 생각조차 평소처럼 할 수 없다.

그것은 극도의 긴장으로 시야가 좁아진 결과다. 자신에게 일어나는 일을 이해하지 못해 그런 상태에 더욱 깊이 빠져든다. 그리고 평소와 다른 자유롭지 못한 감각에 초조해지고 거기서 벗어나려고 몸부림칠수록 엉뚱한 실수를 해 사람들의 비웃음을 사고 허둥대며 평상심을 잃는다.

여기서 핵심은 긴장이 심해지고 그것에 동반해 '시야가 좁아지는 현상'이 일어난다는 점이다. 긴장한 데다 사람들의 시선을 느껴 주의를 빼앗김으로써 주변이 보이지 않는 것이다.

나쁜 과정으로 흘러가느냐 그렇지 않느냐는 사람들의 시선이 자신에게 집중되어 있다는 감각에 주의를 빼앗기느냐 여부에 달렸다.

결국 어느 정도 긴장해도 실수나 혼란스러운 상태에 빠지지 않으려면 주의를 분산시켜 자신의 감각에 지나치게 집중하지 않는 것이 중요하다.

연설을 잘하는 사람 중에서도 전혀 긴장하지 않는 사람은 거의 없다. 대부분 긴장하면서도 중요한 순간에 실수하거나 혼란에 빠지지 않도록 주의력을 유지하는 것이다. 그 비결은 의식적으로 자신의 주의를 적절히 배분하는 것이다.

가능한 한 주위를 본다. 천천히 청중이나 주위를 둘러본다. 쉽게 말을 건넬 수 있을 것 같은 사람, 호감이 느껴지는 사람을 찾아서 그 사람에게 말하듯이 이야기하는 것도 좋은 방법이다. 그렇게 하면 자신의 감각에 의식이 지나치게 쏠리는 걸 막아 준다.

주의가 한 곳에 집중되기 쉬운 사람일수록 시야가 좁아져 주위가 보이지 않아 실수하기 쉽고, 그런 사태가 일어났을 때 좀처럼 빠져나오지 못한다.

그러므로 주의를 적절히 배분하는 훈련을 반복해야 한다. 넓은 시야로 주변을 둘러보면 그 같은 사태에 빠지는 것을 막을 수 있다.

문제는 사교불안장애가 있는 사람은 '타인의 시선을 받는다'는 의식이 너무 강하다는 점이다. 시선을 받고 있다는 의식이 자기답게 행동할 자유를 빼앗는다.

그 근본을 살펴보면 늘 엄격한 시선으로 감시하고, 있는 그대로 인정해 주기보다 착한지 나쁜지, 우수한지 열등한지로 평가받는 상황에 오랫동안 놓여 있었던 경험이 자리 잡고 있다. 그런 평가를 의식해 착하고 우수한 자신만 사람들에게 보여야 한다는 압박감이 생겨나, 자연스럽고 자기답게 행동하는 것을 방해한다.

이 주문에서 벗어나기 위해서는 타인의 시선을 받는다는 의식과 엮여 있는 '낮은 평가(웃음거리가 되는 것, 폄하되는 것, 기대를 저버리는 것)에 대한 두려움'을 깨부술 필요가 있다. '보이는 자신'에서 '보는 자신'으로 전환해 평가하려면 타인이 아닌 자신의 시점을 가질 필요가 있다.

또한 낮은 평가를 두려워할 것이 아니라, 낮은 평가를 받더라도 너무 낙담하지 말고 비웃음이나 비난에도 진정한 가치가 있다는 가치관으로 전환할 필요가 있다. 실제로 역사를 보면 진정 가치 있는 것은 대개 비웃음을 받거나 비난받았다.

② 천천히 행동하고 천천히 호흡한다

통제감을 잃었을 때 효과적인 대처법은 호흡을 가다듬는 것이다. 교감신경이 긴장하면 호흡수가 증가해 자신도 모르는 사이 과호흡이 되기 쉽다.

과호흡은 혈액 속 이산화탄소의 농도를 낮춘다. 혈액은 이산화탄소에 의해 약산성을 유지하는데 과호흡으로 이산화탄소가 줄면 알칼리성이 된다. 그 결과 호흡곤란이나 마비와 같은 신체 변화를 느끼고 불안이 심해져 냉정하게 사고할 수 없다.

이런 악순환을 막기 위해서는 의식적으로 호흡을 천천히 해야 한다. 그러나 실제로는 호흡만 의식해도 생각처럼 잘 되지 않는다. 호흡도 몸에서 일어나는 생리적인 현상이기 때

사람들 앞에 서는 게 두려워요

문에 천천히 호흡하려면 몸을 천천히 움직일 필요가 있다.

무대에 오른 연극배우처럼 느릿한 몸동작으로 움직이면 호흡이 저절로 느려진다. 과호흡은 들숨이 너무 많아서 일어나는 것이므로 날숨에 의식을 두고 천천히 호흡하는 것이 포인트다. 천천히 시간을 들여 숨을 내쉰다. 힘을 빼고 입이 아닌 코로 호흡한다. 호흡이 멈췄다고 느낄 만큼, 잠자고 있을 때처럼 조용히 그리고 천천히 호흡한다.

과호흡이 될 것 같은 상태일 때는 들숨을 쉬고 잠시 멈춰 하나, 둘, 셋, 넷, 다섯까지 세면 보다 빨리 이산화탄소의 분압을 높여 주어 차분해질 수 있다. 배에 손을 얹고 숨 쉴 때마다 오르내리는 배의 움직임을 느끼는 것도 호흡을 가다듬는 좋은 방법이다.

③ 대처 행동과 자신에게 들려주는 말

통제감을 회복하기 위한 다른 방법으로 '대처 행동'이 있다. 아주 작은 것이라도 자신의 의사에 따라 행동하고 대처한다는 감각을 지니면 통제감을 회복하는 데 도움이 된다.

또한 공황은 자율신경계의 반응을 동반하는 감정 반응

이다. 신체 반응에는 신체 반응으로 대항하는 것이 효과적이다. 대처 행동을 미리 연습해 두었다가 실제 상황에서 활용하면 공황이나 혼란 상태가 되는 걸 막을 수 있다.

먼저 자기 자신에게 "차분하자, 주의를 찬찬히 살펴보자, 천천히 움직이자, 천천히 호흡하자"라고 말한다. 그것만으로도 자신과 조금 거리를 두고 객관적으로 볼 수 있어 차분함을 회복하는 데 큰 도움이 된다.

자신에게 들려주는 말을 하나씩 대처 행동으로서 실행한다. ②에서 말한 호흡법을 하는 것도 중요하다.

그 외에도 손을 꼭 쥐었다가 편다, 양손을 잡고 꼭 쥐었다가 푼다, 몸을 주무르고 두드린다, 배에 손을 얹는다, 시원한 물을 마신다 등의 행동을 하면 효과적이다. 그런 행동을 직접 실행하다 보면 '스스로 통제하고 있다'는 감각을 회복하게 된다. 또한 이런 행동은 폭주하는 자율신경계의 반응을 멈추는 데도 도움이 된다.

사람들 앞에서 말할 때 밀려오는 긴장감에 대처하는 방법으로는 다음과 같은 것이 효과적이다. 얼굴을 들어 청중을 둘러본다, 한 사람 한 사람의 얼굴을 관찰하면서 본다, 얼굴에 웃음을 띤다, 어깨를 올렸다가 내리고 둘러본다, 몸을 비틀거나 이리저리 흔든다, 손을 쥐었다 폈다 한다, 숨을 깊이 들이마시고 천천히 내쉰다, 손등을 문지른다, 시원한 물을 마신다, 발을 움직이거나 손장난을 한다, 몸을 가볍게 두드린다 등등.

자율신경계의 반응은 스스로 통제할 수 없다는 것이 일반적인 생각이다. 하지만 실제로는 행동하고, 자극하고, 호흡을 정돈하는 것만으로도 얼마든지 통제할 수 있고, 미리 훈련하면 더 잘 통제할 수 있다. 그 방법으로 폭주하는 자율신경을 멈추고 통제감을 회복한다.

공황을 막기 위한 연습

몹시 긴장해 있는 장면을 상상해 보자. 당신은 그런 상황에서 당장이라도 머릿속이 하얘질 것만 같다. 이때 공황이 되는 것을 막는 방법을 실천해 보자.

① 주위를 잘 보고 마음속으로 '차분해'라고 말한다.

② 호흡을 가다듬는다.

③ 긴장을 이완하기 위한 몇 가지 대처 행동을 해본다.

연설에 의한 연습

주제를 정하고 거기에 맞춰 사람들 앞에서 연설한다(가족이나 친구, 동료의 도움을 받는다). 연설 내용이나 항목을 미리 정해 둬도 상관없다.

이번에 배운 것들에 주의하면서 시야를 넓혀 속도를 늦추고 때때로 대처 행동으로 긴장을 풀면서 연설을 해보자.

10

마음의
안전기지 찾기

신경증적 메커니즘과 트라우마적 메커니즘

이제까지 사교불안장애가 되는 데 중요하게 생각했던 것은 사람 그 자체보다 타인에게서 받을 부정적인 평가가 두려워 사람을 피한다는 메커니즘이었다.

그중에서도 불안이나 긴장이 심해 제대로 말도 못 하는 자신의 볼썽사나운 모습을 사람들에게 보여 자신의 불완전함이 드러나고 더욱 부정적인 평가를 받을 거라는 두려움이 다시 불안이나 긴장을 키우는 악순환의 메커니즘이 중시되어 왔다.

신경질적이 될수록 사태를 악화시키는 구조는 '신경증'이

라 불리는 장애의 공통점이다. 나쁜 일이 일어나는 것 아닌
지 불안해하면 기어코 나쁜 일이 일어나고야 만다.

이런 신경증적 메커니즘도 분명 중요하다. 하지만 오랜
세월 그런 환자들을 보면서 그들이 가진 문제가 반드시 신
경증적 메커니즘에 의해서만 일어나는 것은 아니라는 의심
이 들었다. 타인의 평가를 두려워한다기보다 사람 자체를
두려워하는 경우도 적지 않았다.

타인의 평가 따위는 신경 쓰지 않는데도 다른 사람 앞에
서기만 하면 심하게 긴장해 자리를 극구 피하려는 경우도
꽤 있다.

그것들을 살펴보면 크게 세 가지 유형으로 나눌 수 있다.

① 자폐 스펙트럼 장애 등 유전적, 발전적 요인이 강한
   경우
② 양육 문제에서 일어난 애착장애인 경우
③ 트라우마 체험이 원인이 되어 사람에 대한 공포나 강
   한 불신감을 가지는 경우

①은 유전 등 선천적인 요인에 의한 과민성으로 긴장이나 사교불안을 느끼기 쉽다. 그것에 반해 ②는 양육 요인에 의한 것이고, ③은 체험적인 요인에 의해 부모나 타인에 대한 안전감이 손상되어 증상이 나타나는 것이다.

②와 ③의 차이를 살펴보면, ②는 철들기 전에 일어난 체험이 관여하는 것에 반해, ③은 철든 이후의 체험이어서 그 사건을 회상할 수 있다. 그러나 어느 쪽이든 트라우마적 체험의 결과라고 할 수 있다.

①과 ③이 겹치거나 ②와 ③이 겹치기도 하고 세 가지가 중첩되기도 한다. 그러나 선천적인 요인이 강한 ①을 제외하면 대개 트라우마적인 체험이 관여하고 있다.

그런데 최신 진단 기준인 DSM-5에서는 트라우마적인 메커니즘을 제외하고 신경증적인 메커니즘으로만 한정한다. 그러나 사교불안장애를 신경증적인 메커니즘으로만 접근하면 트라우마적인 메커니즘으로 인해 발생하는 '사람이 무섭다', '사람의 시선이 두렵다', '사람들 앞에서 긴장한다'는 상태를 개선하는 데 한계가 있다. 개선이 어려울수록 트라우마적인 메커니즘이 관여하고 있는 것이다.

사교불안장애를 개선하려고 할 때 트라우마적 메커니즘에 의해 장애가 일어난다는 점을 결코 간과할 수 없다.

트라우마적 메커니즘

먼저 트라우마적 메커니즘이 어떤 것인지 좀 더 자세히 알아보자.

예컨대 어른이 격하게 다투며 울부짖는 모습을 보거나 자기 자신이 강하게 비난 혹은 징계를 받아 강한 공포를 겪으면, 그 후유증으로 특정 유형의 사람이나 대부분의 사람에게 불안이나 공포를 느낀다. 즉 트라우마가 생긴다.

그 트라우마를 극복하지 못한 채 지내거나 일단 극복했지만 이후 다시 공포심이 되살아나는 체험을 하고 트라우마가 더욱 강화되면 증상이 고정화되어 오래도록 이어진다. 그것을 '인간에 대한 공포증'이라고 해도 좋을 것이다.

그렇게 되면 트라우마의 근원이 되는 인물뿐 아니라 그것을 연상시키는 존재마저 피하거나 전혀 상관없어 안전한 사람에 대해서도 신체나 감정이 멋대로 반응하는 불안반응이 일어난다.

장소나 상황이 비슷하기만 해도 불안이나 울렁증 같은 기억과 결부되어 거부반응이나 신체 변화를 일으킨다. 사람이 북적이는 장소나 전철에서 몸 상태가 안 좋았던 경험은 그러한 상황을 회피하는 것으로 이어진다.

다음 여성의 사례처럼 장소가 학교라면 학교 자체에 대해 거북하고 불편하다는 의식을 가지기도 한다.

학교공포증이 있는 여성

현재 23세인 여성 U 씨는 고등학교 2학년 때 학교에 가는 게 조금씩 힘들어져 자주 쉬었다. 처음에는 그녀 자신도 왜 학교에 가지 못하는지 전혀 이해하지 못했고, 교우관계에서도 학업에서도 특별히 나쁜 일이 없었다.

생각해 보면, 그러한 증상은 몸이 안 좋았던 어느 날 시작되었다. 수업 중에 갑자기 울렁거리더니 토할 것 같았다. 그러나 조퇴하겠다는 말도 못 하고 겨우겨우 참고 견뎠다. 그런데 이후에도 때때로 같은 증상이 나타나자 교실에 들어가는 게 겁나서 쉬는 일이 잦아졌다.

병원에서 진찰을 받고 구토를 멈추게 하는 약도 처방받았지만 개선되지 않은 채 3학년이 되었고, 여전히 똑같은 상태가 이어졌다. 결국 출석 일수를 겨우 채워 간신히 졸업했다.

전문학교에 진학해 괜찮아질 거라고 기대했지만 제대로 다닌 것은 첫 일주일이 고작이었다. 이상하게도 학교에 갈 수 없었다. 하지만 여름부터 시작된 학교행사에는 참가해 즐거운 시간을 보냈다.

아르바이트하면서 기력을 완전히 회복한 U 씨는 자신이 가고 싶었던 전문학교이기에 1학년에 다시 한 번 도전하기로 했다.

처음 얼마 동안은 순조롭게 보냈으나 6월로 접어들자 다시 이전의 불안감이나 좋지 않았던 감정이 되살아나 또다시 학교에 갈 수 없었다. 본인도 주위 사람도 완전히 비관에 빠져 있었다. 그러나 아르바이트는 변함없이 할 수 있었다.

U 씨의 강한 불안감이나 회피는 학교 교실이라는 장소

에 한정된 것이라고 할 수 있다. 담당 의사가 학교를 고집하지 말고 취직하는 것이 현실적이며 가능성을 살릴 수 있는 방향으로 나아가라고 권해, U 씨는 취직을 선택했다. 그 후 지금까지 문제없이 일하고 있다.

이처럼 증상이 학교라는 장소에 한정되는 일도 적지 않다. 그런 경우에는 학교에 집착하지 말고 새로운 길을 찾으면 인생을 살아갈 방도가 열리기도 한다.

하지만 특정 장소를 도저히 피할 수 없을 때도 있다. 그때는 도망치고 싶은 마음을 극복하면서 단계적 노출치료나 홍수법으로 노력할 필요가 있다. 그것이 제5장에서 배운 애착의 메커니즘이다.

이것을 이해하기 위해 먼저 불쾌한 사건이 어떤 경우 트라우마가 되는지 알아보자.

트라우마 체험이 지속적인 트라우마가 되는 메커니즘

동일한 체험을 해도 그것이 트라우마로 남는 경우와 그렇지 않은 경우가 있다. 안정적인 애착은 사람을 트라우마로부터 지켜 주는 기능을 한다. 트라우마를 체험하더라도 안전기지 역할을 하는 사람이 이야기를 들어 주고 그 힘든 체험을 공유하며, 위로나 따스함으로 감싸 안아 주면 지속적인 트라우마가 되는 것을 막을 수 있다.

반대로, 안전기지가 제대로 기능하지 않는 상황에서 트라우마 체험을 하면 그것이 만성화될 위험이 크다.

예컨대 똑같은 괴롭힘을 당했어도 부모나 교사가 안전기지 역할을 해주는 경우와, 부모와 교사에게 도움을 청해도 진심으로 애써 주지 않는 경우는 피해 정도가 완전히 다르다.

가정에서도 부모가 매일 싸움만 하거나 어머니가 우울증으로 누워만 있는 경우, 아이는 밖에서 받은 스트레스를 가정에서 해소하지 못하고 더욱 강해져 지속적인 트라우마가 되기 쉽다. 앞에서 본 U 씨의 경우도 힘든 일이 있어도 어머니가 '괜찮다'는 말만 할 뿐 진심으로 귀담아들어 주지 않았다.

트라우마 공포의 극복

애착은 트라우마 체험이 지속적 트라우마가 되는 것을 막아 줄 뿐 아니라 트라우마 체험을 극복하는 데도 중요한 열쇠다.

애착은 마음을 편안하게 해주는 원천이다. 애착이 활성화된 상태에서는 트라우마 체험을 하더라도 안전기지가 되는 사람과 공유하고 그 후원에 힘입어 트라우마 대상과 맞서고 공포를 길들일 수 있다. 이렇게 되면 트라우마를 완전히 극복할 수 있다.

트라우마 공포는 몸에 각인된(실제로는 편도체에 기억된) 반응이기 때문에 대항하기 어렵지만, 실제로 극복하는 것이 그리 어려운 일은 아니다.

예컨대 어린 시절 개에게 물리거나 개 때문에 크게 놀란 기억이 있으면 개를 무서워하는데, 그것을 극복할 방법은 많다. 개 공포증을 간단히 극복하는 방법은 어린 강아지 단계부터 키우고 돌보는 것이다.

개에게 물린 경험에서 생긴 '개는 위험하고 무섭다'는 인식을 어린 강아지 단계부터 키우는 체험을 통해 '개는 위험하지 않고 귀여운 존재'라는 인식으로 재학습하는 것이다.

같이 생활하는 것만으로도 개에 대한 공포심이 약화된다. 강아지 때부터 키우면 개에 대한 애착이 커져 공포가 사라질 뿐 아니라 오히려 좋아하는 반응으로 바뀐다.

서툴러서 잘하지 못하는 것에 도전할 때 마음을 편안하게 해주는 사람이 곁에 있으면 공포나 불안이 완화되는 것은 익히 알려진 사실이다.

노출치료를 활용해 자신의 힘만으로 해낼 수도 있다. 하지만 개인의 노력이나 의사의 진단 이후에도 회피가 심각한 경우에는 거의 진전을 볼 수 없다. 이런 사람이 난관을 극복하기 위해서는 안전기지가 되는 존재의 든든한 후원이나 동반이 필요하다. 주사 공포증을 가진 아이가 태연하게 주사를 맞는 경우도 안전기지가 되는 존재의 도움이 열쇠를 쥐고 있다. 억지로 주사를 놓아 민감소실을 낳게 할 수도 있지만, 그렇게 하면 오히려 공포감이 오래도록 이어져 때로는 평생 남기도 한다. 마음을 편안하게 해주면서 도전하는 것이 가장 좋은 극복 방법이다.

K 군의 경우

K 군이 초등학교 무렵부터 K 군의 어머니는 불안정하고 우울 상태를 반복하며 자주 '죽고 싶다'고 말했다. 그 때문에 K 군은 학교에 가서도 어머니가 죽어 버리면 어쩌나 전전긍긍하느라 정신을 차릴 수가 없었다. 내성적인 성격에 책 읽기를 좋아하고 타인에게 말을 건네는 것이 서툴렀던 K 군은 학급에서도 혼자이기 일쑤였다. 사람들 앞에서 말하는 것이 특히 힘들어 수업 중에 지명받아도 겁먹고 늘 긴장되었다.

다른 아이들의 말에 때때로 상처를 받기도 했지만, 중학교 2학년 때 특정 그룹의 학생들에게 괴롭힘을 당한 뒤로 학교를 자주 쉬었다. 어렵게 고등학교에 진학했지만, 그때의 공포가 여전히 남아 있어 또래 아이들을 대할 때면 긴장되었다. 친구도 사귀지 못하고 학교에 가는 게 힘들어 가끔 등교하다 결국 1학년 때 중퇴하고 말았다. 이후 자신을 괴롭히던 동급생과 마주치지 않도록 낮에는 집에만 틀어박혀 지냈다. 특히 역 앞을 지날 때는 움칫거렸다. 또래 아이들이 많은 학교보다는 연령대가 다른 야간학교를 선택했지만, 처음 2년 동안 툭하면 학교를 쉬었다.

그 상황에서 18세가 되어 내가 운영하는 클리닉을 찾아왔다. 어머니와 먼저 상담한 뒤 K 군의 진찰과 상담을 진행하기로 했다.

어머니가 먼저 심리적 안정을 되찾고, 의사와 카운슬러가 K 군의 안전기지 역할을 하면서 K 군의 어두웠던 표정이 차츰 밝아져 등교도 안정적으로 하게 되었다.

2년 6개월이 지나 학교를 졸업하고 전문학교에 진학했다. 그곳에는 또래보다 나이 어린 사람이 많았다. 적응할 수 있을까 걱정했지만, 남학생이 적어서 그런지 잘 적응했다. 한 학생과는 친해져 개인적인 교류도 가졌다. 자신이 세 살 많을 뿐 아니라 이제껏 스마트폰을 사용하지 않아 어린 친구들의 문화를 전혀 몰랐던 점이 오히려 흥미로운 개성으로 작용해 친밀감을 줬다. 이런 상황에 피곤하다고 하면서도 K 군은 사람들과의 교제를 즐겼다.

K 군처럼 등교 거부나 은둔형 외톨이라는 적응장애에 빠

진 사교불안장애의 경우, 대개 괴롭힘 같은 트라우마 체험 뿐 아니라 가정의 안전기지 역할 부재도 주요한 요인으로 작용한다. 그렇게 되면 누구에게도 마음을 열지 않는 상황에 놓인다.

회복 요소나 과정으로서 중요한 역할을 하는 건 결국 안전기지의 제공과 가정(학교·직장)의 안전기지 기능 개선이었다. 거기서 주체적인 도전이 생기고 스스로 안전기지를 획득하려는 변화가 일어났다.

전문적으로 트라우마를 치료할 때도 안전기지가 되는 존재의 역할이 중요하다.

11

더 이상
도망가고 싶지 않다

청년기의 회피와 자기 확립의 과제

사회적인 상황에서 회피하려는 경향이 생기는 요인으로는 타인에게 잘 보이기 위해 있는 그대로의 모습을 감추려는 정신증적인 메커니즘과 공포 체험에 근거한 트라우마적 메커니즘이 관계한다. 그런데 사실은 여기에 다른 좀 더 긍정적인 의미를 지닌 메커니즘도 관계한다.

그것은 특히 청년기에 볼 수 있다. 진로 결정이나 현실적인 과제를 피함으로써 자신에 대해 모색할 시간을 확보하려는 목적이다. 흡사 유충에서 번데기가 되어 성충이 될 준비를 하듯이, 타인과의 관계나 외부로부터의 영향을 줄이고 이미 정해진 진로로 나아가는 걸 잠시 멈춤으로써 자신을 재구축하는 시간적, 정신적 공간을 확보하려는 것이다.

이 같은 시기는 자기 확립을 위해 꼭 필요하다. 그 기간에는 사람을 만나는 데 저항감이 커지거나 은둔형 외톨이가 되거나 기존 진로에서 벗어나기 쉽다.

그렇다고 이 과정을 그저 '병'으로 다루는 것은 적절하지 않다.

물론 위기의 상황이므로 자칫 삐끗하면 성충이 되지 못하는 일이 벌어지기도 하지만, 본래 성장에 동반되는 필요 과정 중 하나다.

밖으로 나오지 못하고 사람과 만나는 것에 저항감이 심한 것을 그저 '증상'만 보고 '사교불안장애'로 진단하면, 일부 증상을 설명할 수는 있어도 진짜로 일어나는 것을 표현하기는 어렵다. 그렇게 되면 그것만으로는 개선하려고 해도 잘 되지 않는다.

그런 경우에는 회피를 초래하는 진짜 과제가 무엇인가 하는 관점에서부터 시작하는 것이 중요하다.

연구실에 가지 못하게 된 C 씨의 경우

대학 4학년 때 졸업 논문을 쓸 수 없었던 C 씨는 그것을 회피하는 동안 논문 지도를 돕는 교수를 만나러 가는 것도 연구실이나 대학에 가는 것도 할 수 없었다.

그 무렵 상담과 진찰을 받기 시작했는데, 첫해에는 대학에도 가지 못하고 졸업 논문도 거의 손을 대지 못했다.

그녀가 졸업 논문을 쓸 수 없는 이유는 '자신의 작품을 부모에게 보이고 싶지 않다'는 것이었다. 그녀는 부모에게 속마음을 말하지 못한 채 부모가 좋아하는 '착한 아이' 역할을 해왔다.

그런 경향은 다른 사람들에게도 마찬가지여서, 정말 친한 친구에게도 속마음을 표현하거나 나쁜 말을 피했다. 자신이 만드는 것이나 표현하는 것에도 자신감이 부족했다.

그녀가 목표로 세운 것은 부모, 특히 어머니와의 관계 개선과 지금까지 살아온 자신의 인생을 돌아보고 정리하는 것이었다. 그 과정에서 이윽고 자신이 어째서 속마음 말하는 걸 피하고 감추기 위해 표면적으로 꾸미는지 알아냈다.

그 과정은 자기 표현이나 자기 개시, 자기 주장을 회피하는 상황을 초래한 진짜 원인을 밝히고 극복하기 위해서도 꼭 필요했다.

그 과정을 꾸준히 진행한 결과, 어머니가 공감하기보다는 지배하는 타입이어서 어머니를 따를 수밖에 없었으며, 아버지의 잦은 전근으로 학교를 자주 옮겨 다녀 항상 전학생으로서 상대에게 맞추다 보니 속마음 말하는 걸 피하는 경향이 강해졌다는 사실을 알게 되었다.

한편, 봉사 활동으로 외국인 여성에게 일본어를 가르치는 일에도 도전하고, 중단했던 졸업 논문을 위한 취재 여행을 시작했다. 그렇지만 그해에도 졸업 논문을 쓸 수 없었고 교수를 만나러 갈 수도 없었다.

그러나 다음 해에는 졸업 논문을 완성하고 졸업한다는 목표를 세우고, 그것을 위해 힘을 쏟았다. 어머니에게 이제껏 거리를 두었다는 사실을 털어놓은 이후 어머니와의 관계도 조금씩 변해 갔다.

졸업 논문 작성은 조금씩 진행되었지만, 교수를 만나 조언을 받는 것은 도무지 할 수 없었다. 기한이 다가오자 날

짜를 정하고 지도 교수와 약속한 뒤, 혼자서는 힘들 것 같아 친구와 함께 가기로 했다. 그런데 막상 당일이 되자 돌연 마음이 바뀌어 친구의 도움도 교수와의 약속도 취소해 버렸다.

나를 찾아와서 그런 일련의 과정을 설명하는 동안 C 씨는 낙담한 모습이었다. 하지만 그런 나쁜 상황을 있는 그대로 말한다는 것 자체가 놀라운 개선이었다. 여기까지 노력해 온 만큼 더 잃을 게 없다는 각오로 연구실에 가서 지금까지 완성한 졸업 논문을 제출하고 돌아오면 어떠냐고 제안했다. 그러자 C 씨도 다시 도전하겠다고 약속했다.

그 후 그녀는 연구실을 방문했고, 마침 교수가 부재중이어서 조교에게 논문을 제출했다. 그러자 교수에게서 이메일이 왔다. 논문은 잘 받았고, 이번에는 기일을 맞추지 못했지만 이후 하고 싶은 말이 있으면 가까운 시일 내 연구실로 와주기 바란다는 내용이었다.

이번에는 도망치지 않았다. 2년 만에 교수를 만났다. 교수가 어떻게 할 것인지 묻자, C 씨는 비록 올해는 마무리하지 못했지만 반드시 졸업 논문을 완성해 졸업하고 싶다는 의지를 전했다. 그러자 교수가 최대한 도와주겠다고 말했다. 이로써 이제껏 그녀를 가로막고 있던 것 중 하나가 해소되었다.

다음 해에는 정기적으로 연구실을 찾아 졸업 논문 지도를 착실히 따랐고, 3년이나 늦었지만 무사히 졸업할 수 있었다.

예전에는 취업 같은 걸 생각할 수도 없었지만, 취업을 위해 직업훈련을 받고 면접을 보고 원하는 일자리에 취직도 했다.

회피 배경에 있는 진짜 과제

C 씨와 같은 경우는 청년기의 학생에게서 많이 볼 수 있다. 취직이나 진로 선택을 회피하는 것은 아이덴티티의 과제와 뒤얽혀 '자신이 무엇을 해야만 하는가?' 하는 근본적인 부분에 대한 답을 얻지 못해 인생을 '일시정지'하고 자신을 모색하는 상태라고 할 수 있다.

학교나 연구소에 가지 못한다, 선생님이나 친구와 만나지 못한다, 세미나에서 발표하거나 졸업 논문을 지도받는 것이 부담스럽다, 취업 설명회나 면접에 가는 걸 피한다 등과 같은 상태를 그저 증상으로만 보면 사교불안장애와 비슷해 실제로 그러한 진단을 받기도 한다.

그러나 그 본질은 자기 확립을 위해 모색하는 시간을 확보하려는 데 있으므로, 현실적 과제를 일시적으로 회피하는 것이라고 볼 수 있다.

눈앞의 과제를 서둘러 해치우고 졸업하고 취업한다고 무조건 좋은 것은 아니다. 어쩌면 그 회피가 필요할지도 모른다.

그처럼 회피하고 얻어지는 편안함에 익숙해져 사회적, 정신적 근력이 약해지는 사태에 빠져 보는 것도 중요하다.

2~3년 정도 정신적으로 무기력하게 살아보는 것도 나쁘지만은 않다. 하지만 그것이 5년, 10년 길게 이어지면 부정적인 영향이 커질 수밖에 없다.

회피를 의미 있는 것으로 만들기 위해서는 그 배경에 있는 진짜 과제를 꿰뚫고 지원할 필요가 있다.

회피 배경에 때때로 보이는 과제

회피 배경에 때때로 보이는 과제로는 다음과 같은 것이 있다.

① 아이덴티티나 자기 확립의 과제

② 부모의 지배 같은 친자 관계의 과제

③ 부모에 대한 의존과 자립에 대한 불안

④ 지나치게 높은 자존심과 현실적이지 않은 바람 등 자기애의 과제

⑤ 학대나 괴롭힘의 체험에서 유래한 대인공포

⑥ 과민성이나 사회성, 커뮤니케이션 능력의 과제(발달장애, 애착장애로도 일어날 수 있다)

⑦ 현실 대처 능력이나 역량 부족, 자신감 결여

⑧ 극복하지 못한 열등감

이러한 과제는 성장 과정에서 누구나 가지는 것이다. 자립적으로 사회를 헤쳐 나가야 하는 청년기에는 한층 강해

진다. 호된 실패를 맛보거나 상처받는 체험을 하면 과제에 맞서기보다 거기서 도망쳐 부담감 없는 환경에 틀어박혀 지내고 싶어 한다.

잠시 회피해 자기 자신을 지키면서, 실패하더라도 계속 재도전하는 것도 중요하다. 당사자가 마음을 다잡으려고 애쓰고 있는데 주위에서 빨리 일어서라고 재촉하면 때로는 역효과를 불러오기도 한다.

그러나 계속 회피한다면 극복할 기회는 영원히 오지 않는다. 어딘가로 도망치는 걸 멈추고 과제나 역경과 맞서야 한다.

그런 일이 찾아오는 타이밍은 사람마다 다르다. 그 단계는 자기 안에서 얼마나 받아들이는가 하는 내적 회복 단계와 어떤 계기에 의해 현실의 행동으로 표출되는 외적 회복 단계가 있다.

내적 회복과 외적 회복이 만나는 경계에서는 스위치가 바뀌는 순간이, 계기가 되는 사건과 함께 찾아오기도 한다.

자신의 인생에서 도망치지 마라

일본 도토루 커피의 창업자 도리바 히로미치鳥羽博道는 대인공포나 얼굴이 빨개지는 일로 고민하던 사람이었다. 도리바 씨의 아버지는 도쿄 미술학교(현 도쿄 예술대학)에서 일본화를 배운 화가였다. 그러나 그림으로는 성공할 수 없어 검을 팔거나 일본 전통 인형의 눈알 만드는 일을 하며 생계를 꾸려 나갔다. 게다가 도리바 씨가 아홉 살 때 어머니가 세상을 떠나면서 아이가 다섯이던 가족의 생활은 더 힘들어졌다.

장인 기질이 있던 아버지는 성격이 급하고 난폭한 데가 있어 도리바 씨는 늘 전전긍긍했다. 아버지는 장인으로선 솜씨가 좋았지만 돈벌이에는 적합하지 않아 중학교를 막 졸업한 도리바 씨가 영업은 물론 금전 관리까지 맡아서 했다.

그렇지만 도리바 씨는 사람들 앞에 서면 금세 얼굴이 빨개지고 식은땀이 나서 밖으로 돌아다니는 일이 너무 힘들었다. 그래도 생활을 위해서는 어쩔 수 없어, 겨우 열여섯 살 나이에 고등학교에 다니면서 상품 판매와 수금을 해왔다.

그러던 가을 어느 날, 매출금을 아무리 계산해도 금액이 맞지 않았다. 그로 인해 몹시 화난 아버지가 "이 쓸개 빠진 놈!"이라고 소리치자, 도리바 씨는 자신도 모르게 말대답을 하고 말았다.

이에 더욱 화가 난 아버지는 일본도를 꺼내 들고 베어 버리겠다며 호통을 쳤다. 공포에 질린 도리바 씨는 곧장 맨발로 집을 뛰쳐 나와 15킬로미터 떨어진 친척 집으로 도망갔다. 어린 동생들을 생각하면 참아야 했지만, 그의 인내가 한계를 넘어 버린 것이다.

다음 날 아침, 도리바 씨는 집으로 돌아오지 않고 숙모에게 받은 약간의 돈을 들고 자신의 인생을 개척하기 위해 도쿄로 향했다. 고등학교 중퇴까지 각오했다.

그 후 레스토랑에서 견습생으로 요리를 배우면서 그는 매일 아침 레스토랑에서 커피 내리는 일에 즐거움을 느꼈다. 원두로 내리는 커피의 맛에 감동했다.

직장을 카페로 옮겨 커피에 대해 본격적으로 배우기 시작했다. 그때 카페 주인이 브라질로 떠나면서 가게 문을 닫자, 그곳에 커피를 도매로 제공하던 커피 제조사에 취직해 영업자로서 원두를 판매했다.

무엇보다 얼굴이 빨개질 정도로 대인공포증이 있던 그로선 거래처를 개척하기 위해 낯선 곳을 방문하고 그곳에서 처음 만난 고객에게 빼어난 말솜씨로 영업하는 게 서툴 수밖에 없었다.

원두를 조금도 팔지 못해 몇 번이나 그만둘까 생각했지만 도망치기 싫어 꾹 참고 버텼다.

어떻게 하면 좋을까 고민하고 또 고민한 끝에, 말 잘하는 영업자보다는 고객을 위해 일하는 영업자가 되자고 발상을 바꿨다. 고객의 카페가 바쁠 때는 일손을 보태거나 쓰임새가 좋은 소품을 선물했다.

그런 노력이 결실을 맺어 도리바 씨는 최고의 영업 실적을 거두었다. 고객의 시선에 맞는 좋은 카페 만들기라는 그의 전략은 이후 그에게 성공을 가져오는 콘셉트로 이어졌다.

대인긴장이 강한 사람은 부모가 엄하거나 강압적인 분위기에서 성장한 경우가 적지 않다. 도리바 씨도 어머니를 일찍 여의고 폭력적인 아버지의 눈치를 살피면서 살아온 것이 대인공포와 관계있을 것으로 보인다.

그러나 도리바 씨는 대인공포 증상에 구속당한 채 인생을 포기하지 않았다. 그런 증상을 끌어안으면서도 살기 위해 도망쳐서는 안 된다며 자기가 할 수 있는 일을 생각해 내고 끊임없이 노력했다.

도망치지 않고 계속 분발한 것이 결국 성공을 가져왔을 뿐 아니라 증상을 극복하는 것으로 이어졌다고 할 수 있다.

간디는 어떻게 극복했는가

오늘날 많은 사람으로부터 존경받는 인도 독립의 아버지 간디는 어린 시절부터 소극적인 성격에 겁 많고 불안이나 긴장이 심했다. 도저히 한 나라의 리더가 될 것 같은 타입이 아니었다.

부끄럼을 너무 심하게 타고 누구와도 교제하는 걸 피해, 수업이 끝나면 친구와 마주치지 않도록 달려서 집으로 돌아올 정도였다.

대학에 진학한 뒤에도 적응하지 못해 활로를 찾아 영국으로 유학 갔다. 하지만 소극적인 성격은 여전했고 어머니와의 약속을 지켜 채식주의자로 살았기 때문에 식사를 해결하는 것도 몹시 힘들었다. 그래도 친절한 몇몇 사람들과 만나 조금씩 대화는 즐길 수 있었다. 하지만 사람이 많이 모이면 힘들어져 주눅 든 채 입을 다물어 버렸다.

3년간의 유학 생활을 마치고 인도로 귀국하기 전날 밤 연설할 일이 있었다. 미리 원고까지 준비했지만, 첫마디를 내뱉은 뒤 곧 입을 다물고는 계획했던 얘기를 전혀 하지 못한 채 끝나 버렸다.

인도로 돌아와 변호사로서 일을 시작했지만, 처음부터 시련에 맞닥뜨렸다. 처음 법정에 섰을 때 간디는 너무 긴장해서 몸도 머리도 마구 떨며 한 마디도 못 해 결국 스스로 변호인을 사임하고 말았다.

그는 완전히 자신감을 잃고 변호사가 아닌 교사로서 일하겠다고 생각했지만, 다행인지 불행인지 채용되지 않았다. 문서 대서를 해주며 그럭저럭 생계를 꾸려 갔다.

그러나 그런 생활조차 뇌물이나 혈연, 지연이 통용되는

사회에 환멸을 느꼈다. 그러던 중 외국에서 소송 절차를 맡아 줄 변호사를 구한다는 말을 듣고 한달음에 달려갔다. 그런데 그곳은 인종 차별이 극심한 남아프리카 공화국이었다.

남아프리카 공화국에 당도해 그는 인종 차별의 세례를 받았다. 일등석 티켓을 사서 승차했지만 화물칸으로 옮기라는 요구를 받았고, 이를 거부하자 짐째 열차에서 내던져졌다.

그는 역 벤치에서 하룻밤을 보내면서 곰곰이 생각했다. 이런 터무니없는 곳을 도망쳐 즉시 인도로 돌아가야 할까? 맡은 일만 끝내고 곧 돌아가야 할까? 아니면, 어떤 고난에 맞닥뜨리든 인종 차별과 맞서 싸워야 할까?

그는 마지막 선택지로 결정했다. 더는 도망가고 싶지 않았다.

그러나 간디의 고난은 이제 시작일 뿐이었다. 승합 마차에서는 객석이 아닌 마부 옆에 앉아야 했고, 호텔에서는 빈 방이 있어도 거부당했다. 인도를 걷고 있는데 경찰관이 갑자기 걷어차 넘어뜨리기도 했다. 인도는 백인만 걸을 수 있었기 때문이다.

자존심도 정의감도 누구보다 강했던 간디는 몸서리칠 만큼 엄청난 분노에 사로잡혔다. 그러나 그것은 남아프리카 공화국에서 살아가는 인도인이라면 누구나 겪는 굴욕과 가난이었다.

　처음에는 개인적인 분노에서 시작했지만, 그는 어느새 남아프리카 공화국에 살고 있는 인도 이민자의 인권 문제를 위해 싸우고 있었다.

　차츰 사람과 만나고 정세나 의견을 듣고 대책을 마련하고 연락 회의를 열었다. 그러다 정신을 차리고 보니 지독히도 소극적이고 사람들 앞에 서는 것조차 감당하지 못했던 성격이 어디론가 사라져 버렸다. 운동을 이끄는 그의 활약은 인도에까지 알려졌다.

　모든 것은 그 역 벤치에서 '이제 도망치고 싶지 않다'고 결심한 순간 시작되었다.

　어떤 처지에 놓이든 도망가지 않고 눈앞에 놓인 일에 필사적으로 매달리는 동안 그를 괴롭히던 사교불안장애가 사라졌다. 분노와 정의를 추구하는 에너지가 그를 옭아매고 있던 불안이라는 구속을 부순 것이다.

운명의 목소리에 답한다

인생이 자신의 것이라고 해도 90퍼센트 이상은 외적인 요인에 의해 결정된다.

어떤 부모를 가지는가, 어떤 환경에서 태어나는가와 같은 문제는 물론, 어떤 일을 선택하는가, 어떤 사람과 만나는가 등도 자신의 의사만으로 정할 수는 없다.

대부분 우연한 만남이나 계기에 의해 생긴다.

그러나 외부의 계기가 큰 기회로 이어지거나 한 사람의 인생을 바꾸는 전기가 되기도 한다.

큰 위기로 여겨지던 사태가 오히려 그 사람을 자유롭고 새로운 세계로 안내하거나 이제까지의 어려움을 극복하는 기회가 되기도 한다. 우연에 지나지 않는 것이 그야말로 운명의 목소리로 변하라고 말한다.

기회를 만들기 위해서는 자신의 과제나 직면한 문제에서 도망치지 말고 맞서면서, 새로운 가능성에 마음을 열고 밖에서 들려오는 운명의 목소리에 답해야 한다.

⌣ 닫는 글

나도 울렁증이 있었다

나는 중학생 무렵부터 조금씩 사람의 시선을 신경 쓰기 시작해 그것이 점점 심해졌다. 그리고 얼굴이 빨갛게 달아오르는 게 두렵고 타인의 시선에 겁먹는 증상이 은근히 고통스러웠다. 그것을 어떻게든 감추려고 짐짓 상대를 노려보듯 쳐다보기도 하고 센 척 행동하기도 했다.

고등학교 무렵까지는 그런 식으로 대충 얼버무리며 지낼 수 있었는데, 대학생이 된 이후 대인긴장이 더욱 강해졌다. 어느 시기부터인가 알코올이 들어가지 않으면 할 말이 있어도 할 수 없었다. 그러다 보니 어느덧 알코올에 의지하게 되었고, 술을 마시지 않으면 두려워지고 더욱더 대인긴장이 심해져 마침내 학교에도 가지 않게 되었다.

그래서 사람과 만나지 않아도 되는 선인 같은 삶을 동경하고 철학책을 읽으면서 해가 저물 때까지 침대 위에서 시간을 보내다 어둑해지면 서서히 바깥 활동을 시작했다.

박쥐 같은 생활을 하다 보니 얼굴에 핏기가 하나도 없어 마치 아픈 사람처럼 보였다. 일단 회피의 악순환에 빠지니 거기서 어떻게 헤어 나오면 좋을지, 뭘 어떻게 해야 할지 알 수가 없었다.

그나마 위안이라면 나랑 같은 증상을 보이는 사람이 근처에 있다는 점이었다. 그 사람은 8년째 대학 생활을 하고 있었다. 그에 비하면, 나는 아직 시작에 불과했다.

그런 상황에서 빠져나온 첫 번째 계기는 유급이었다(도쿄대학에는 강년降年이라는 제도가 있어 한 학년을 낮춰 다시 시작해야 했다). 그로 인해 장학금이 끊겼다. 식량 보급로가 차단된 것이나 마찬가지였다.

가난한 부모님이 보내 주시는 생활비로는 도저히 생활할

수 없어 어떻게든 생활비를 벌어야만 했다. 그러나 어떻게 해야 할지 몰라 안절부절못하고 있을 때 세상 이치를 좀 안다는 한 남자가 보습학원이나 대입학원에서 아이들의 성적을 쑥쑥 올릴 수 있게 잘 가르치는 방법이나 면접에 합격하는 방법을 전수해 주었다.

그 방법이란 가슴을 편 채 "자신 있습니다, 맡겨만 주십시오"라고 단언하며 허세를 부리는 것이었다.

나는 감탄하며 그 남자의 조언을 들었지만, 실제 내 입에서 나온 것은 고작 "제가 잘할 수 있을까요?"라는 너무도 자신 없는 말이었다. 학원장은 내 창백한 얼굴을 보고 불안해하면서도 다른 방법이 없었던지 나를 채용했다.

초등학생과 중학생을 가르치면서, 아이들과 있으면 또래 사람들과 있을 때보다 긴장하지 않는다는 점을 깨달았다. 열심히 교재를 준비하고 시험지를 채점했다. 대학 공부보다 꽤 진지하게 아이들을 가르쳤다. 어린아이들과 있으니 오랜만에 느긋하게 지내는 나 자신을 느낄 수 있었다. 전철이나 버스를 갈아타고 오가는 데 한 시간 넘게 걸렸지만, 단 한 번도 쉬지 않았다. 나로서는 꽤 멋진 재활이었던 셈이다.

그 후 의학의 길로 방향을 전환해 정신과 의사가 되어 일하기 시작했고, 비로소 환자와 이야기를 나눌 때가 가장 마음 편하다는 것을 깨달았다. 동료와의 모임이나 학술모임도 긴장되어 거북하고 견딜 수 없이 마음이 불편했다.

그런 기회를 계속 피하다 보니 나는 회피의 악순환에 빠져 사람들 앞에서 제대로 말을 하지 못했다. 아니, 조금도 입이 떨어지지 않았다.

어느 날 한 여성 동료가 "참 안타까운 인생이네요. 도망가는 걸 그만두면 좀 다르게 살 수 있을 텐데요"라고 말해 주었다. 당시에는 못 들은 척했지만, 그 말이 가슴에 깊이 박혔다.

그러고 나서 2년이 지났을 즈음 기회가 찾아왔다. 늘 그랬던 것처럼 회피하려는 순간, 그녀의 말이 귓가에서 되살아났다. 서둘러 도망칠 게 아니라 도전해 보자. 나는 생각을 고쳐먹고 그 기회를 놓치지 않고 도전했다.

그 후 비슷한 상황이 생길 때마다 그 말을 되뇌었다. '망설여지면 해보자!' 이것이 나의 지침이 되었다.

그렇게 몇 년간 실천하다 보니 경험의 폭과 기회가 넓어졌다. 마침내 나는 사람들 앞에서 원고 없이 강연하고 언론 매체와의 인터뷰에도 꽤 태연할 수 있었다.

이 책에 그런 경험에서 얻은 비결도 담으려고 애썼다. 당신이 이 책에서 어떤 극복을 위한 힌트나 계기를 찾을 수 있다면 같은 어려움과 싸워 온 사람으로서 더할 나위 없이 기쁠 것이다.

마지막으로, 이 책이 완성될 때까지 끈기를 가지고 기다려 주고 성심껏 배려해 주신 겐토샤 편집부의 요츠모토 교코 씨에게 진심으로 감사하다는 말을 전하고 싶다.

2018년 11월

오카다 다카시

옮긴이 박재현

상명대 일어일문학과를 졸업하고 일본으로 건너가 일본외국어전문학교 일한 통번역학과를 졸업했다. 이후 일본 도서 저작권 에이전트로 일했으며, 현재는 출판 기획 및 전문 번역가로 활동 중이다. 옮긴 책으로는 《니체의 말》, 《아들러 심리학을 읽는 밤》, 《배움은 어리석을수록 좋다》, 《생각의 보폭》, 《인생이 잘 풀리는 철학적 사고술》 등이 있다.

감수자 김병수

정신건강의학과 전문의, 의학박사. 김병수 정신건강의학과 의원 원장.
서울아산병원 정신건강의학과에서 임상교수로 근무했고, 같은 병원 건강증진센터의 스트레스 클리닉에서 진료했다. 대한우울조울병학회, 한국정신신체의학회, 한국인지행동치료학회 등에서 임원으로 활동했다.
지은 책으로 중년의 정신건강을 주제로 한 《마흔, 마음공부를 시작했다》, 《사모님 우울증》이 있고, 직장인들의 스트레스 관리를 위한 《버텨낼 권리》, 감정을 주제로 다양한 이야기를 풀어낸 《감정의 색깔》, 《감정의 온도》, 《감정은 언제나 옳다》가 있다. 공황장애를 앓고 있는 이의 내면적 고통과 함께 그 속에서 삶의 의미를 찾아가는 여정을 다룬 《당신이라는 안정제》(공저)와 심리에 대한 잘못된 고정관념을 풀기 위해 쓴 《마음의 사생활》, 사회현상에 대한 심리적 해석을 다룬 《이상한 나라의 심리학》도 썼다. 다양한 미디어에서 정신건강을 주제로 방송했으며, 오랫동안 여러 라디오 프로그램을 통해 보통 사람들의 스트레스와 심리에 대한 궁금증에 응답해왔다.

사람들 앞에 서는 게 두려워요

나서는 게 죽기보다 싫은 사람들의 심리 수업

1판 1쇄 인쇄 2019년 9월 20일
1판 1쇄 발행 2019년 9월 30일

지은이 오카다 다카시
옮긴이 박재현
펴낸이 김성구

책임편집 류현수
단행본부 고혁 홍희정 현미나
디자인 이영민
제작 신태섭
마케팅 최윤호 나길훈 김영욱
관리 노신영

펴낸곳 (주)샘터사
등록 2001년 10월 15일 제1-2923호
주소 서울시 종로구 창경궁로35길 26 2층 (03076)
전화 02-763-8965(단행본부) 02-763-8966(마케팅부)
팩스 02-3672-1873 | 이메일 book@isamtoh.com | 홈페이지 www.isamtoh.com

ISBN 978-89-464-7297-6 03180

이 도서의 국립중앙도서관 출판예정도서목록(CIP)은 서지정보유통지원시스템 홈페이지
(http://seoji.nl.go.kr)와 국가자료종합목록 구축시스템(http://kolis-net.nl.go.kr)에서
이용하실 수 있습니다. (CIP제어번호 : CIP2019033982)

값은 뒤표지에 있습니다.
잘못 만들어진 책은 구입처에서 교환해드립니다.